Gründonnerstag 2009: Der allseits beliebte und engagierte 18-jährige Tobias S. richtet gemeinsam mit seinem Freund bestialisch und grausam seine beiden Schwestern hin. Danach feiern die Täter seelenruhig in einer Gaststätte mit den Eltern, um sie später ebenfalls kaltblütig zu ermorden. Die monströse Tat zweier junger Männer stürzt eine ganze Gemeinde in Entsetzen, Fassungslosigkeit und Verzweiflung. Es gibt keine Erklärung. Kein Motiv.

Das Böse mitten in unserer Gesellschaft – das ist das große Thema der preisgekrönten Journalistin Sibylle Tamin. Ihre Neugier gilt der vermeintlich heilen Welt, der Provinz, in der das plötzliche Aufbrechen des Bösen die Oberflächengemütlichkeit dramatisch zersetzt.

Die Journalistin *Sibylle Tamin* recherchiert große Kriminalfälle vor Ort, spricht mit Freunden, Nachbarn und Bekannten der Opfer und Täter, sitzt im Gerichtssaal den Tätern gegenüber und versucht dem näherzukommen, was Polizei und Justiz nicht beantworten können.

Weitere Informationen, auch zu E-Book-Ausgaben, finden Sie bei www.fischerverlage.de

Sibylle Tamin

Das Böse von nebenan

**Wahre Kriminalfälle
aus der Provinz**

FISCHER Taschenbuch

Namen wurden geändert

Erschienen bei FISCHER Taschenbuch
Frankfurt am Main, August 2013

© S. Fischer Verlag GmbH, Frankfurt am Main 2013

Satz: Fotosatz Amann, Aichstetten
Druck und Bindung: CPI – Clausen & Bosse, Leck
Printed in Germany
ISBN 978-3-596-18920-5

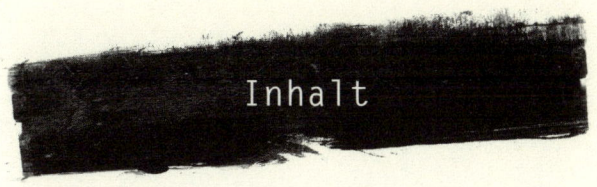

Inhalt

Aus der Mitte der Gesellschaft

»Tobi, ich liebe Dich«, steht auf der Bank an Gleis zwei. Wie viele Tobis gibt es wohl in dieser Stadt von zwanzigtausend Einwohnern?

Ein ICE donnert durch die Station, aber der Fahrtwind lässt die gegelten Haare der drei Jungs unbewegt. Ob diese Liebeserklärung vielleicht ihm gegolten habe, frage ich sie, dem beliebten umschwärmten Schüler des Wirtschaftsgymnasiums, dem Schulsprecher, dem »Sunnyboy« und »Gute-Laune-Bär«, der jetzt zu lebenslanger Haft mit Sicherungsverwahrung verurteilt worden ist. Die drei zucken die Schultern und gucken sich an. »Kann sein«, sagt einer und geht weg und die andern hinterher, weil sie nichts mehr hören wollen von dieser Geschichte, die ihre Stadt so lang ins Medieninteresse gerückt hat, mit diesem Fall, der so verstörend ist. Auch jetzt noch, nach dem Urteil.

1 Dieser Karfreitag war ein besonders schöner Tag, fast sommerlich warm, und Kriminalkommissar Berger hatte für das Wochenende einen Ausflug mit der Familie geplant. Die Rucksäcke waren schon im Auto verstaut, als der Anruf kam. Ein Kollege sprach von vierfachem Mord in Riedberg und einem flüchtigen Täter. Da habe er gewusst, was zu tun sei, sagt der Kommissar, und seine blauen Augen weiten sich, als sähe er das, was er vier Monate zuvor sehen musste, aufs Neue. Und er habe gewusst, dass ihm nun statt der Wanderung über die Schwäbische Alb ein langes, arbeitsreiches Wochenende bevorstehe. Er habe seine Dienstkleidung angezogen und sich auf unbestimmte Zeit von seiner Familie verabschiedet.

Das Haus Nummer 10 in der Bogenstraße ist eins der wenigen Mehrfamilienhäuser zwischen den kleinen Spitzgiebelhäusern. Mit seiner hellen Fassade, den blauen Fensterläden, den Tontöpfen mit Immergrün auf den Simsen erfüllt es den schwäbischen Standard eines soliden und gepflegten Hauses.

Am späten Vormittag des Karfreitags waren Polizei- und Rettungswagen vorgefahren, waren Polizisten und Sanitäter ins Dachgeschoss zur Maisonettewohnung gestiegen, die die Familie Schaller bewohnte. Von den drei Kindern lebte nur der achtzehnjährige Sohn Tobias noch bei den Eltern. Die beiden Töchter studierten in einer entfernten Stadt und kamen hin und wieder zu Besuch. Kurz vor Ostern waren sie angereist.

Tobias Schaller hatte die Polizei gerufen. Jemand habe seine Eltern ermordet und die Schwestern auch. Er und sein neunzehnjähriger Freund Jan Reichel hatten die Toten in der Wohnung aufgefunden, und beide waren schreiend und weinend aus dem Haus gestürzt.

Sie habe gedacht, was hat er denn, warum schreit er denn so, der Tobi, erzählt die alte Frau, die seit vielen Jahren mit ihrem Mann im Erdgeschoss des Hauses wohnt. Sie sei vors Haus gegangen, und dort, sagt sie, dort bei der Hecke, und sie streckt die Hand, aus der ein Schlüsselbund hängt, hin zur Hecke, die das Grundstück des Hauses Nummer 10 umgibt, dort habe er gesessen, der Tobi, und habe geheult und geschrien, und sie: »Was ist denn los, Tobi?« Und er: »Oh, Tante Emmy, du weißt ja gar net, dass von den Schwestern keine mehr da ist.«

Er habe, wird ein Rettungsassistent später vor Gericht sagen, Tobias Schaller erst auf dem Bürgersteig hin und her laufend vorgefunden und plötzlich habe der mit dem Kopf gegen ein Auto geschlagen und gerufen: »Meine Schwester muss doch arbeiten, sie bekommt ja sonst Schwierigkeiten.«

Jan Reichel, einige Meter entfernt von seinem Freund Tobias am Straßenrand, habe von einer Zigarre gestammelt, die er gerade noch mit Herrn Schaller rauchte, und als der Helfer ihm eine Zigarette anbot, habe er abgelehnt, weil er Nichtraucher sei. Es sei offensichtlich gewesen, dass die jungen Männer nicht mehr gewusst hätten, was sie sagten.

Übereinstimmend werden die professionellen Helfer der ersten Stunde aussagen, dass die beiden Freunde alle Symptome eines authentischen Zusammenbruchs gezeigt hätten. Bei niemand sei auch nur ein leiser Verdacht auf ein falsches Spiel aufgekommen.

Als Kommissar Berger am Tatort eintraf, waren einige der Beamten nicht mehr einsatzfähig. Beim Anblick der vier Leichen waren sie in Tränen ausgebrochen und brauchten die Hilfe von herbeigerufenen Psychologen.

Schon bald wurde deutlich, dass der Täter sich gut mit den Schließverhältnissen des Hauses ausgekannt haben musste. Keine der Türen war aufgebrochen. Nirgendwo waren Spuren gewaltsamen Eindringens in die Wohnung zu finden.

Kommissar Berger begann Tobias und Jan getrennt zu befragen, und als sich die ersten Widersprüche zeigten und die Spurenlage auch keine Abwehrhaltung der vier Opfer erkennen ließ, fiel der Schatten eines dringenden Tatverdachts auf den Sohn und seinen Freund. Sie wurden festgenommen und zum Verhör gebracht. Am nächsten Tag erließ der Untersuchungsrichter Haftbefehl.

Die Nachricht vom Tod der Familie Schaller ging wie ein Lauffeuer durch die Stadt. Die Anwohner kamen mit Kerzen und Blumen, stellten sie auf die Bank vor der Haustür und legten kleine Botschaften dazu: »Tobias, wir stehen Dir bei«, »Tobias halte durch«, »Tobi, wir glauben an Dich«. Wer ihn kannte, wollte ihn nicht als Täter sehen. Freunde der toten Familie sprachen bei der Kripo vor. Sie wollten Tobias bei sich aufnehmen und waren erst bereit, das Präsidium zu verlassen, als man ihnen versicherte, Tobias sei wohl versorgt und es ginge ihm so weit gut.

Wenige Tage nach der Tat veröffentlichte die Polizei eine Rekonstruktion des Tathergangs, die zu großer Bestürzung in der Kleinstadt führte. Was sollte man glauben? Was war richtig, was war falsch? Hatte man über Jahre hin diesen liebenswerten Jungen und seinen schüchternen Freund verkannt? Die Verstörung war so weitgreifend, dass die Vereine, in denen die beiden jungen Männer Mitglieder waren, nach Notfallseelsorgern riefen. Angst machte sich breit, denn niemand in der Stadt glaubte, dass mit Tobias und Jan die Mörder der Familie gefasst seien. Die Angst sei in den ersten Tagen so schlimm gewesen, dass viele das Haus nicht verlassen wollten, sagt eine Nachbarin; eine Angst, die noch gewachsen sei, bis der Freund gestanden habe. Bis zu diesem Geständnis, sagt sie, dachten die Menschen, wenn es die Familie Schaller getroffen hat, kann es jeden hier treffen.

Die Polizei vermehrte ihre Streifengänge, um die verstörten Bürger zu beruhigen.

2

An Gründonnerstagabend, dem 9. April, sitzen die Töchter des Ehepaares Schaller, Klara und Marlene im Dachgeschoss ihres Elternhauses vor dem Fernseher. Beide sind Studentinnen des Lehramts und nur gelegentlich zu Hause. Doch heute sind sie beide da, sitzen in Schlafanzügen auf dem Bett.

Gegen 22 Uhr, so das Ermittlungsprotokoll, treten Tobias, der Bruder, und dessen Schulfreund Jan ins Zimmer der Schwestern. »Was soll der Scheiß?«, habe Klara laut Jans Aussage gefragt, und Tobias habe geantwortet: »So ist sie, arrogant bis zum Schluss.«

Sie feuern aus zwei Kleinkaliberpistolen frontal auf die jungen Frauen. Acht Schüsse auf die 24-jährige Klara, neun auf Marlene, die vor kurzem 22 geworden ist. Die Kugeln treffen Brust, Hals und Gesicht der Schwestern.

Die Freunde sammeln die Patronenhülsen ein, verstecken die Waffen samt Schalldämpfern und Tatkleidung im Keller und verlassen das Haus. Sie suchen Tobias' Eltern in einer Gaststätte auf. Es ist gegen 22.30 Uhr, als sie sich zu ihnen an den Tisch setzen. Sie plaudern und lachen und brechen nach einer halben Stunde wieder auf. Sie kehren zurück nach Hause in die Bogenstraße, gehen in den Keller, wechseln in die Tatkleidung, nehmen die beiden Waffen mit den selbstgebauten Schalldämpfern, steigen ins Dachgeschoss hinauf und setzen sich ins Wohnzimmer.

Die Eltern treffen kurz nach Mitternacht ein. Der Vater wird im Wohnungsflur von acht Kugeln niedergestreckt, die Mutter durch drei Schüsse an der Tür zum Bad getötet. Die Patronenhülsen werden eingesammelt, die Tatkleidung wird samt Waffen, Munition und Hülsen in Plastiktüten verpackt und in einem vorbereiteten Erdloch im Wald vergraben. Den Rest der Nacht verbringen die beiden jungen Männer in Jans Elternhaus.

»Wie hast du geschlafen, Elke?«, fragt Tobias am Morgen die Mutter seines Freundes und nimmt sie in den Arm. Er holt frische Brötchen, und es wird gemeinsam gefrühstückt, dann verlassen die beiden Freunde das Haus. Wenig später ruft ein Rettungssanitäter bei Jans Eltern an: »Kommen Sie bitte sofort; bei der Familie Schaller gab es ein dramatisches Ereignis.«

3 Die Stadt Riedberg liegt zwischen Stuttgart und Ulm. Mit der Regionalbahn ist man in kaum vierzig Minuten in beiden Städten. Jahrhundertelang war Riedberg zweigeteilt, geographisch durch den Fluss, historisch durch unterschiedliche Herrschaftsbereiche. Ein Teil unterstand dem Bistum Würzburg, der andere dem protestantischen Haus Württemberg. Der Fluss hielt Bewohner und Machtsphären getrennt. Es ist ein altes Siedlungsgebiet, diese Flusslandschaft zwischen den Hügeln. Bereits vor 10 000 Jahren wurde hier gelebt und gejagt.

1933 wurden die beiden Ortschaften zusammengeschlossen, was der jungen Stadt Brücken und vier Kirchen einbrachte, in denen jetzt sechs Pfarrer wirken. Für die Einwohner gibt es sechs Schulen, eine Volkshochschule, eine Stadthalle, eine Stadtbücherei, ein Kino, Hallenbad, Sport- und Tennisplätze, zwei Jugendhäuser, ein Altenheim und sechzig Vereine.

Hier ist kein Stillstand zu spüren, wie so oft in anderen Kleinstädten. Riedberg ist eine Stadt, die ihre Verkehrskreisel mit moderner Kunst schmückt und die wächst, ohne dabei das Wohlgeordnete zu verlieren.

Riedberg liegt in Schwaben, und die Menschen hier haben sich feste Regeln für ihr Miteinander gegeben: Die Hausbesitzer halten den Gehweg vor dem eigenen Grundstück sauber, und die Nachbarn behalten Straße, Gärten und Häuser im prüfenden Blick. Man könne, sagt die Gemeindesekretärin Schneider, hier in den alten Ortsteilen ganz selbstverständlich die Fenster offen lassen, da passiere gar nichts, denn man gebe Acht aufeinander, es »guckt jeder ein bissle nacheinander«, sagt sie, und wenn mal ein Rollladen den Tag über unten bleibe, dann schaue man nach, was da los sei. Im neuen Wohngebiet allerdings, in dem überwiegend Zugezogene wohnten, dort gelten solche Regeln nicht, dort sei man anonym. Da kümmere sich keiner, sagt Frau Schneider, und schaut bekümmert über diesen Mangel an hilfreichem Miteinander.

Die Bogenstraße ist lang. Schnurgerade führt sie vom Friedhof bis hinunter zum kleinen Ehrenbach. Links und rechts Spitzgiebelhäuser neben Würfelbauten hinter hohen Gartenzäunen und Garagenzufahrten »Wer hier parkt, fährt auf Felgen heim«, steht auf einem Schild. Die Straße liegt im alten Ortsgebiet, wo Nachbarn nicht nur über den Zaun hinweg kleine Gespräche führen, sondern eben auch registrieren, welches Leben da geführt wird in den Gärten und in den Häusern nebenan. Und die Familie Schaller, die hier seit zwanzig Jahren wohnt, bekommt ein gutes Zeugnis ausgestellt. Es ist das Bild einer gutbürgerlichen, gutsituierten Familie, in der alles stimmt, der Vater ein engagierter Heilpraktiker, die Mutter eine beliebte Englischlehrerin, die drei Kinder hübsch, erfolgreich und wohl erzogen.

Eines Morgens, sagt die Gemeindesekretärin, sei sie die Bogenstraße entlanggeradelt, vorbei an der Bushaltestelle, und jemand habe ihr »Hallo, guten Morgen« zugerufen. Und als sie sich umdrehte, sah sie einen jungen Mann an der Haltestelle stehen, der ihr zulächelte. Und da habe sie gedacht: »Hoppla, was ist das für ein hübscher Bub, der mich da grüßt«, und dann habe sie Tobias Schaller erkannt.

4 Am 1. September ist es in Riedberg viel zu heiß. So heiß, dass die hölzerne Aufhängung der Kirchenglocke sich zusammenzieht und der Klöppel der Stundenglocke zwölfmal ins Leere schlägt. High noon ist auch in Riedberg geräuschlos.

Vom Bahnhof gehe ich vorbei an der Stadtbücherei im ehemaligen Herrenhaus, vorbei an der Gaststätte *Blue Star*, in der das Ehepaar Schaller den letzten Abend seines Lebens verbrachte, vorbei am Nippesladen mit dem Igel in der Auslage, der lachend einen Ball mit dem Aufdruck »Folge deinem Weg, vertraue deiner Zukunft« hinunterrutscht.

Durch die schmalen Straßen braust der Verkehr, und ich trete durch die abgewetzte braune Tür ins Pfarrhaus ein, weil dort der evangelische Pfarrer Rainer Straub als einer der wenigen bereit ist, über den Fall »Vierfachmord« zu sprechen.

»Die Frage«, sagt der Pfarrer und lehnt sich weit in seinen knarrenden Bürostuhl zurück, »die Frage, die bei vielen Eltern und Lehrern mitschwang, war: Was für ein Potential ruht in meinem Sohn oder in meinen Schülern, und kann ich die Vorboten, die es eventuell geben könnte, wahrnehmen?« Das sei etwas, was große Angst mache, wenn man nicht wisse, was in den eigenen Kindern schlummere.

Der Pfarrer Straub spricht langsam und mit großen Pausen. Er formuliert mit Vorsicht. In dieser unklaren Situation, voller Spekulationen und wenige Wochen vor Prozessbeginn, möchte er Zurückhaltung üben.

»Ist es das Archaische, was uns an der Tat erschreckt, die tiefsitzende Angst, dass auch wir dazu fähig wären?«

»Ja, das ist sicher so«, sagt Pfarrer Straub. »Bei Kain und Abel ist es sehr deutlich. Gott sagt: Deine Aufgabe ist es, über die Sünde zu herrschen und diese destruktiven Impulse zurückzuweisen. Die Bibel«, sagt er, »sieht uns als verantwortungsfähig und daher auch als schuldfähig an. Da möchte ich nicht dahinter zurück, bei allen berechtigten Versuchen, Verständnis oder auch Mitgefühl für die beiden Täter aufzubringen. Sie sind verantwortlich für das, was sie tun, und in diese Verantwortung muss jeder hineinwachsen. Das ist wichtig für unsere Gesellschaft, dass wir darin ganz klar sind: Jeder hat für seine Taten Verantwortung, sonst wird die Angst voreinander uferlos.«

Seit Jahren engagiert sich der Pfarrer in der Jugendarbeit, entwickelt Projekte für Freizeit und Fortbildung und hat dabei auch Tobias und Jan kennengelernt. Doch über die beiden wolle er zu diesem Zeitpunkt kein Wort verlieren, nur ganz allgemein wolle er sprechen.

»Ich nehme nicht an«, sagt er, »dass den beiden jungen Männern tatsächlich bewusst war, was sie tun, und ich kann mir nicht vorstellen, dass sie wirklich wissen, warum sie es getan haben. Die meisten unserer Taten haben ja diesen hohen Anteil an nicht bewussten Aspekten in unserer Motivation. Dass die beiden nach der Tat verstummen und nicht in der Lage oder willens sind, über das zu reden, was sie getan haben, das macht es für mich sehr plausibel, dass ihnen nicht klar war, auf welchem Trip sie unterwegs sind.«

Pfarrer Straub lehnt sich zurück, der Stuhl ächzt, dann ist es still in dem Zimmer des alten Pfarrhauses. Der junge, fast schlak-

sige Pfarrer schaut hinaus in den Apfelgarten mit den vollbe-
hangenen Bäumen und schweigt.

»Bei jungen Männern«, fährt er fort, »fällt mir besonders auf,
dass sie nicht in Fühlung sind mit sich selbst und erst recht
nicht mit ihrer Umgebung. Sie spüren das nicht, was sie tun,
und weigern sich, über die Konsequenzen ihres Tuns nachzu-
denken.« Von außen ließe sich keine Antwort finden auf das
Warum, sagt der Pfarrer. Nur wenn die beiden Täter beginnen
würden zu reden, könnten Zugänge zum Warum entstehen.
Aber das müsse eben von innen heraus kommen. »Von außen
muss man akzeptieren, dass die Tat absolut rätselhaft und un-
begreiflich bleibt.« Besonders verstörend an dieser Tat sei, dass
keiner den andern gebremst habe. Beide waren gemeinsam
auf diesem furchtbaren Weg immer tiefer hineingegangen ins
Dunkle.

Ich frage Pfarrer Straub, ob er eine Verbindung sieht zu der Tat
in Winnenden, jener schwäbischen Kleinstadt, in der fast auf
den Mordtag genau ein Jahr zuvor ein Schüler fünfzehn Menschen erschossen hatte, Lehrer, Mitschüler und drei ihm ganz
fremde Menschen.

»In Winnenden«, sagt der Pfarrer, »war es für mich deutlich
sichtbar, dass es im Grunde genommen eine aggressive Weise
des Suizids war. Der junge Mann wusste, glaub ich, dass er
diesen Amoklauf nicht überleben wird und nicht überleben will.
Dem Täter von Winnenden war das klar.« Und wieder ächzt der
Stuhl und wieder schweigt der Pfarrer. In der Tür steht jetzt
eine rundgesichtige junge Frau und nickt ihm zu. Pfarrer Straub
schaut auf die Uhr und nickt zurück. »Die beiden jungen Männer hier haben im Grund' auch sich selbst erledigt«, sagt er.

»Und ja, das ist einer von meinen Gedanken, das war deren Art, Selbstmord zu begehen.« Einen Moment lang hält er inne. »Auf der sozialen Ebene«, sagt er dann und steht auf, »da ist ihnen dieser Suizid auch komplett gelungen.«

5 »Mit unseren eigenen Kindern sind wir sehr gesegnet. Alle sind gesund und machen uns viel Freude. Ich hoffe, dass alle, die diesen Brief lesen, genauso gesund und zufrieden sind wie wir.« Dem Weihnachtsbrief Herbert Schallers an Freunde und Verwandte war ein Foto beigelegt, das diese Behauptungen belegen sollte. Hübsche Menschen allesamt. Der Sohn mit der Hand auf Vaters Schulter und ihm lächelnd zugewandt, die Schwestern neben der Mutter und strahlend.

»Ich weiß, wie liebevoll seine Mutter mit ihm umgegangen ist«, wird Frau Mögle im Lauf des Abends sagen, »Tobias hat eine herausgehobene Position bei ihr gehabt.« Einmal, daran erinnere sie sich, habe der Vater gesagt: »O ja, meine Frau macht wieder Brutpflege mit ihrem Tobi.«

Die Karin Schaller sei eine temperamentvolle und liebenswerte Frau gewesen. Sie habe sich als Dozentin durchsetzen können und auch die Fähigkeit gehabt, die Leute mit interessanten Themen zu fesseln. Eine schwache Persönlichkeit, die ihr manche nachsagen wollen, könne das nicht.

Familie Mögle hat den Tisch gedeckt. Es gibt Aufschnitt, Käse, Tomaten und die besten Brezeln der Region. Das Gespräch muss warten, erst soll der Gast essen, im Kreis der Familie, die er fünf Minuten vorher das erste Mal gesehen hat.

Familie Mögle kannte die Schallers seit Jahren, die beiden Töchter waren mit den Schaller-Töchtern befreundet und oft zu Gast in der Bogenstraße 10.

»Ich hab mich wohl gefühlt in der Familie«, sagt die ältere Tochter, »es war immer schön und gemütlich. Freunde waren dort willkommen. Seine Schwestern haben Tobias geliebt. Sie waren stolz auf den Bruder und haben ihn richtig verhätschelt.«

»Tobias war jahrelang mein bester Freund«, sagt die Jüngere. »Er war so witzig und phantasievoll, er war charmant und sah gut aus. Er hatte einfach alles, was anziehend war.« Sie macht eine Pause und starrt auf den Tisch, als käme von daher Beruhigung, doch die Tränen lassen sich nicht zurückhalten. »Es vergeht kein Tag, an dem ich nicht an ihn denken muss. Und wenn ich mir dann vorstelle, wie er jetzt da sitzt in seiner Zelle, könnt ich heulen.« Sie habe ihm bereits zwei Briefe geschrieben, aber bisher keine Antwort erhalten. Und dann sagt sie: »Der Tobias ist jetzt wie tot für mich, aber ich möchte ihn in Erinnerung behalten, so wie ich ihn kannte.«

Die Mutter kommt mit frischgebrühtem Kräutertee, weil der dem Gast jetzt guttue. »Die Familie Schaller«, sagt sie, »war im sozialen Leben integriert. Mit wem Sie auch sprechen, es war nichts, was auffällig gewesen wäre. Freunde, die mit der Familie immer wieder zusammengekommen waren, können nicht die kleinste Auffälligkeit schildern.« Allerdings, sagt sie, sei es keine Laisser-faire-Familie gewesen. Es habe Regeln gegeben, eine gewisse Struktur des Miteinanders, auf deren Einhaltung der Vater bestanden habe. So zum Beispiel das gemeinsame Mittagessen, da habe eine Art Anwesenheitspflicht geherrscht. »Solche Dinge«, sagt sie, »waren dem Vater wichtig.«

»Und alle haben sich gefügt?«

»Der Vater war dominant, das war offensichtlich. Beim CDU-Fest, da hatte ich den Eindruck, dass der eloquente Tobias eher schweigt, wenn der Vater redet, also sich an die unausgesprochene Aufforderung hält: ›Tritt du in meine Fußstapfen und schau, wie ich das mache.‹«

In ihrer Trauerrede hatte die Pfarrerin den Sohn vor dem Vater in Schutz genommen und ziemlich deutlich gesagt, dass der Vater nicht nur ein liebevoller Vater gewesen sei, sondern auch streng mit seinen Kindern.

»Es war ihm wichtig«, sagt Frau Mögle, »dass seine Kinder einen vernünftigen Start ins Leben haben, dass sie auf dem richtigen Weg sind, um dann ihren eigenen Weg gehen zu können. ›Materiell‹, hat er mal zu mir gesagt, ›sind alle drei versorgt‹.« Und tatsächlich wisse man ja jetzt, wie wohlhabend er war.

Ob sie sich vorstellen könne, dass man es mit Herrn Schaller als Vater nicht aushalten konnte?

Sie zögert mit der Antwort. »Vielleicht zeitweise«, sagt sie schließlich, aber das sei doch überall so. Und sie zitiert Nachbarn, die gesagt haben: Ja, er war ab und zu laut im Garten und hat seine Kinder angeschrien. Aber ihr eigener Mann, sagt Frau Mögle, habe auch manchmal ihre Kinder angeschrien. Bei diesem freundlichen Mann, denke ich, der da so still und zurückhaltend am Tisch sitzt, sind solche Ausbrüche kaum vorstellbar. Doch da nickt Herr Mögle Zustimmung und seine Frau nickt mit einem kleinen Vorwurf zurück. »Das kommt doch in den besten Familien vor«, sagt sie. »Aber nun heißt es, der Vater sei ein Tyrann gewesen. Ich bitte Sie, dann wären ja alle Väter, die ihre Kinder mal zurechtweisen, gleich Tyrannen.«

»Wenn dem Vater was nicht passte«, sagt die älteste Tochter, »dauerte es eine Weile, bis er sich wieder beruhigte. Aber das dauerte nicht tagelang.«

»Er machte es wieder gut« sagt die Jüngere.

»Der Vater machte es wieder gut?«

»Ja«, sagt sie. »Es war egal, wie schlimm so ein plötzlicher Streit war, die Versöhnung kam genauso schnell.«

Herr Mögle hat bisher geschwiegen. Jetzt spricht er und wägt seine Worte. »Ich denke nicht, dass die Liebe gefehlt hat. Der Werner Schaller hat seinen Sohn geliebt, aber es gibt verschiedene Ausgestaltungen der Liebe, und ich glaube, das war eine sehr fordernde Liebe, die diesen Sohn vielleicht überfordert hat.«

Frau Mögle nickt. Dann seufzt sie. »Man hatte das Bild von einer gutbürgerlichen, gutsituierten Familie, bei der alles stimmte. Und dann diese Erkenntnis, dass es hinter dem Vorhang doch ganz anders ausgesehen haben könnte.« Frau Mögle schaut auf ihren Teller, an dessen Rand ein kleiner Tomatenstrunk abgelegt ist, und hebt dann den Blick hinaus zu den großen samtroten Dahlien im Vorgarten. »Aber was war denn hinter dem Vorhang?«, fragt sie und erwartet keine Antwort. »Was steckt da dahinter? Wie kann ein Mensch überhaupt so eine Tat begehen? Das ist, was uns alle hier bewegt und wovon man gar nicht mehr wegkommt.«

Er habe zu seinem Vater keine gute Beziehung gehabt, wird Tobias Schaller dem psychiatrischen Gutachter sagen. Er habe sich gegängelt gefühlt und unter dem despotischen Vater gelitten und gedacht, er sei ein Kuckuckskind, und habe schließlich Selbstmordphantasien entwickelt. Seine Schwestern aber habe er gemocht und die Mutter geliebt, doch ihre Solidarität mit dem Vater habe ihn stets ins unerträgliche Abseits und am Ende vor die Entscheidung gestellt: entweder sie oder ich. Der Entschluss zum Schlussstrich sei, so Tobias, während einer Schneewanderung mit der Familie entstanden. Dort im Schnee und in der Dunkelheit, als sie sich durch die Fehleinschätzung des Vaters verlaufen hatten, habe sich bei ihm das Gefühl der ohnmächtigen Wut Bahn gebrochen und habe sich schließlich in der Tat entladen.

Was er sich wünschen würde, fragt der Gutachter, wenn er die Zeit um ein Jahr zurückdrehen könne. Und Tobias Schaller antwortet: Dass alles wieder so wie vor den Morden sein möge und dass er seinen Freund Jan nie getroffen hätte. Und, sagt er, das Schlimmste sei, dass er seinen Vater so sehr vermisse.

6   Sechs Monate nach der Tat beginnt vor der Großen Jugendkammer des Landgerichts Ulm der Prozess. Drei Richter und zwei Schöffen haben sich durch die zweiundzwanzig Aktenordner mit den Ermittlungsprotokollen zu dem vierfachen Mord in Riedberg gearbeitet, die aufgereiht hinter dem Vorsitzenden stehen.

Auch das erste Gespräch, das ein Polizist an jenem Karfreitagmorgen mit dem zwischen Schluchzen und Wutausbrüchen wechselnden Tobias Schaller führte, ist hier abgelegt und wird später vom Zeugen vorgetragen werden.

Schaller habe den Verdacht zuerst auf die beiden langjährigen Freunde der Schwestern gelenkt, wird der Polizist Maler aussagen. »Warum sind die nicht da?«, habe Schaller ihn gefragt und dann vom gemeinsamen Säubern der Terrasse am Vortag erzählt und vom Abendessen im Garten und dem Streit mit den Schwestern, weil er als Einziger kein Auto habe. Und später habe ihn der Vater zu Jan, dem Freund, gefahren, wo er, Tobias, nochmals zu Abend aß, Kässpätzle habe es gegeben. Und dann sei er mit Jan noch kurz in den *Blue Star* gegangen, zu den Eltern, die dort mit Freunden bei Live-Musik saßen und Wein und Bier tranken, und habe dann bei Jan übernachtet.

Und er schildert dem Polizisten, wie er am Morgen in die Wohnung gekommen sei und dort erst den Fernseher ausgeschaltet habe, oben bei den Schwestern, und wie er gedacht hätte, die machten ein ›Späßle‹ mit ihm, und erst als er sie umgedreht habe, hätte er gesehen, dass sie tot sind. Und der Polizist gibt zu Protokoll, dass Tobias Schaller überraschend ruhig gewesen sei und er nicht den Eindruck hatte, dass da jemand sitze, dessen Eltern und Schwestern gerade tot aufgefunden worden sind.

Ob die Wohnungstür denn unverschlossen gewesen sei, will der Ermittler noch wissen. Ja, sagt Tobias, sie sei offen gewesen, denn wenn er den Schlüssel benutzt hätte, wäre er ihm aus der Hand gefallen vor Schreck. »Aber ich hab ihn hier in der Tasche, also hab ich ihn nicht benutzt.«

Von den fünfzig Sitzen des Gerichtssaals sind nur neun belegt. Die Kammer hatte sehr zum Ärger der zahlreich aus ganz Deutschland herbeigeströmten Journalisten eine eng begrenzte

Öffentlichkeit verfügt und lediglich neun ausgewählte Presseleute zugelassen. Das Jugendgerichtsgesetz schreibe die Nichtöffentlichkeit des Verfahrens vor, gestatte aber aus diesem nichtöffentlichen Verfahren eine eingeschränkte Berichterstattung. Hinter den hohen Fenstern im hellen, holzgetäfelten Gerichtssaal ragt über die Dächer der Stadt das massige Gebäude einer modernen Kirche, deren Türme ihrer abgerundeten Spitzen wegen »Granatentürme« heißen. Eine kleine rundliche Frau, die gleich hinter den Wachleuten sitzt, blickt hinaus auf die Türme, neben ihr ein schmächtiger Mann im dunklen Anzug, ein kleines Notizbuch so fest in der Hand, als suche er daran Halt. Es sind die Eltern von Jan Reichel. Sie sitzen so nah wie möglich beisammen auf diesen festgeschraubten Stühlen. Still und stumm.

»Wenn ich das Ehepaar Reichel sehe, diese netten Leute«, sagt die Bäckersfrau in Riedberg, »dann denke ich, dass man als Eltern nie genau weiß, was in seinem Kind steckt.« Die Reichels seien so friedfertige, freundliche Menschen, aus so einer Familie könne doch kein Verbrecher herauswachsen.

Über ein halbes Jahr hin, an zwanzig Verhandlungstagen, werden sie da sitzen, die Eltern des wegen Mordes Angeklagten Jan Reichel, werden an jedem Prozesstag immer an derselben Stelle sitzen, dicht an der gläsernen Trennwand, hinter der jetzt nacheinander die beiden Angeklagten hereingeführt werden. In die Mitte genommen und mit Handfesseln an einen der beiden Beamten gekettet, gehen sie mit schlurfenden kleinen Schritten, bis die Fußfessel spannt, zu ihren Plätzen, als sei die Welt um sie versunken; Tobias Schaller, bleich, mit zusammengepressten Lippen, die, wenn sie sich öffnen, eine Reihe tadellos gewachsener Zähne zeigen, für deren Pflege er viel Aufwand betrieben haben soll. Er ist ein gutaussehender junger Mann in Jeans, grauem Kapuzenpulli und roten Sneakers, das braune kurze Haar leicht gelockt. Durch sein selbstbeherrschtes Auftreten wirkt er älter als sein um ein Jahr älterer Freund.

Jan Reichel, den Kopf gesenkt, das Gesicht rot wie fiebernd, auch seine Hände und Füße in Fesseln, schleppt sich zu seinem Platz. Er ist ein schmächtiger Junge. Er habe schon gedacht, sagt sein Anwalt, sein Mandant müsse wesentlich gestörter sein. Aber er mache auf ihn einen ganz normalen Eindruck. »Jan«, sagt der Anwalt, »ist wirklich ein liebenswerter Mensch, das kann ich so sagen.«

Und während Jan Reichel leicht nach vorn gebeugt sitzt und auf den Tisch starrt, wie er neben dem Anwalt verharrt, versteinert, selbst als er schweres Nasenbluten bekommt, das der Vorsitzende Richter schließlich bemerkt und deshalb eine Unterbrechung anordnet, hat sich Tobias Schaller darauf verlegt, den Prozess zu protokollieren, als ginge es darum, über das Gericht Gericht zu halten. Stunde um Stunde sitzt er schreibend, ohne aufzublicken, ohne eine emotionale Regung zu zeigen.

»Vielleicht«, sagt sein Verteidiger in einer Verhandlungspause, »schreibt er, dass alle Journalisten den Tod verdienen.« Der Anwalt ist gewitzt im Umgang mit Presseleuten. Gleich zu Prozessbeginn wird er den kompletten Ausschluss der Öffentlichkeit beantragen. Ein Antrag, der vom Gericht zurückgewiesen werden wird.

Die Anklageschrift, die Oberstaatsanwältin Harms verliest, lautet auf gemeinsam und heimtückisch begangenen vierfachen Mord aus Habgier.

Tobias Schaller habe sich als unterdrückt empfunden, heißt es in der Anklage. Er habe sich in seiner Familie »nicht mehr wohl gefühlt« und habe zunächst sein Elternhaus verlassen wollen. Er habe das Vorhaben jedoch aufgegeben, weil er die materielle Sicherheit geschätzt habe. Als er mit achtzehn gemeinsam mit seinen Schwestern die Vollmacht über ein Schweizer Konto mit 256 000 Euro erhielt, sei in ihm der Gedanke gereift, Eltern und Schwestern zu töten, um allein über das Vermögen verfügen zu können. Die beiden Freunde hätten mehrere Mordszenarien entworfen: Erschießen der vier Familienmitglieder während einer Wanderung, Vergasen mit anschließender Säurebeseitigung der Leichen, Tod durch Verbrennen.

Es sei bei ihm selbst, wird der psychiatrische Gutachter später sagen, nach vielen Stunden der Exploration immer noch ein beträchtliches Maß an Fassungslosigkeit und Ratlosigkeit vorhanden. »Alles von diesen angeblichen Belastungen und Dramatisierungen, alles was Tobias Schaller selbst darüber gesagt hat, bezog sich überwiegend auf den Vater. Und die Frage, die für mich nach wie vor im Raum steht, ist, warum nicht nur der Vater sterben musste, sondern auch die Mutter und die beiden Schwestern. Diese Frage bleibt weiterhin völlig ungeklärt.«

Von den drei Frauen in seiner Familie habe Tobias Schaller nichts erzählt, was auch nur annähernd traumatisierend hätte wirken können, wird der Gutachter später sagen. »Insofern würde ich mir nicht anmaßen zu behaupten, ich wüsste, wer diese beiden Angeklagten wirklich sind.«

Die Anklage entrollt eine kriminelle Karriere, die zwei Jahre vor der Tat begann. Man sieht die Schulfreunde in entwendeten Autos ohne Führerschein durch die Landschaft sausen, sieht sie nachts bei Einbrüchen in Schule, Supermarkt und Sportvereinen, sieht kriminelle Anfänge aus Abenteuerlust – »Wir gegen den Rest der Welt« –, bei der die Beute bloße Nebensache bleibt. Zweimal war den Freunden die Polizei auf der Spur gewesen, und zweimal waren sie unentdeckt entkommen.

Eines Nachts hocken sie mit ihrer Kletterausrüstung auf dem Dach des Supermarktes gleich um die Ecke des schallerschen Hauses. Während unten die Polizei vorgefahren ist und nach Einbrechern sucht, sagt Jan: »Ich geb auf, ich stelle mich«, aber Tobias hält ihn zurück, denn: »Ob du dich stellst oder entdeckt wirst, macht bei der Strafe keinen Unterschied.« So bleiben sie sitzen, bis die Polizei wieder abgezogen ist, steigen anschließend durchs Oberlicht ein und nehmen Spirituosen und Zigaretten mit, alles Waren, die sie selber gar nicht konsumieren. Am Morgen sitzen sie im Klassenzimmer des Wirtschaftsgymnasiums und sind die guten Schüler, von denen der Rektor sagt, dass er stolz auf sie sei.

Sieben Monate vor dem Mord begehen die beiden einen folgenschweren Einbruch. Das erste Mal haben sie es dabei gezielt auf die Beute abgesehen.

Tobias und Jan sind Mitglieder der Riedberger Schützengilde. Beide sind keine besonders guten Schützen. Note drei bis vier gab der Jugendleiter Tobias beim Schießen mit dem Luftgewehr; Note fünf beim Kleinkaliberschießen. Aber ihre Faszination für Waffen ist groß. »Wir wollten die Waffen besitzen«, sagt

Jan seinem Anwalt, »wir wollten sie in unserer Nähe haben, aber niemanden damit schädigen.«

Eines Abends blockieren sie die Tür des Schützenhauses und dringen nachts dort ein. Sie schneiden den Schlüsseltresor mit einer elektrischen Säge auf und entnehmen dem Waffenschrank neunzehn groß- und kleinkalibrige Waffen samt 1700 Schuss Munition. Im Kofferraum des großen BMW von Jans Vater wird die Beute abtransportiert und anschließend versteckt.

Am nächsten Tag ist die Aufregung im Schützenverein groß. Das Mitglied Tobias Schaller regt sich mit auf, und als die andern rätseln, wie die Einbrecher wohl ins Schützenheim hineingekommen seien, sagt er: »Ich wär durch die Tür gegangen«, und lacht. Niemand kommt auf den Gedanken, den allseits beliebten Tobias und seinen stillen, schüchternen Freund Jan zu verdächtigen. Die Polizei ermittelt lustlos und schließt ihre Ermittlungsakte ergebnislos. Sie verschwindet im Archiv.

Drei Kleinkaliberpistolen werden von Jan und Tobias an einem Ort verwahrt, auf den sie schnell Zugriff haben, die restlichen Waffen im Haus von Jans Großmutter auf dem Dachboden unter Dielenbrettern versteckt. An manchen Tagen tragen sie die Pistolen in ihren Rucksäcken mit sich herum und rufen sich eine Zahlenkombination zu, im Klassenzimmer, auf dem Schulhof, auf der Fahrt nach Hause: »5, 1, 4, 2«, rufen sie. Es ist ein tödlicher Code, den Jan Reichel im Prozessverlauf erklären wird.

Gestanden hat die Mordtat bisher nur Jan Reichel: »Wir waren das zusammen«, hatte er in der Untersuchungshaft gesagt und das Versteck im Wald mit den Tatwaffen und der Tatkleidung verraten. Ohne diesen Hinweis, sagt sein Anwalt, hätte die

Polizei das Walddepot niemals gefunden und die Tat wäre den beiden wohl kaum nachzuweisen gewesen. Selbst nach dem Hinweis noch hatte die Polizei Hubschrauber und Sprengstoff-Spürhunde einsetzen müssen, um das Vergrabene im dichten Unterholz zu finden.

»Wenn also die beiden wirklich geschwiegen hätten«, sagt Jan Reichels Anwalt, »dann wäre ihre Tat womöglich das perfekte Verbrechen geworden.«

7 Geständige Einlassungen seien »zu gegebener Zeit« zu erwarten, sagt Tobias Schallers Anwalt. Und als die Zeit gegeben ist, finden die Einlassungen unter Ausschluss der Journalisten statt. Warten vor der Tür.

Vor dem Fenster ein langgestreckter zweistöckiger Backstein-bau mit Dachfries und gelbem Ziegelmuster, ein mit schönen Details versehener hundertjähriger Bau, die Harmonie zerstört von einer hohen Bretterwand mit Stacheldraht und einem mächtigen Eisentor, der Einfahrt zum Untersuchungsgefängnis. Und weit übers Gefängnisdach hinaus erhebt sich grau und ernst der höchste Kirchturm der Welt, wie ein mahnender Fingerzeig.

Es regnet und ist kalt. Das Ulmer Münster ist geöffnet. Vor dem hohen Sakramentshaus im Mittelschiff, das früher der Aufbewahrung der Hostien diente, neben dem schlanken gotischen Turmwerk aus Sand- und Kalkstein, steht Werner Schallers Halbbruder Kurt, ein vierschrötiger Mann. Er verfolgt den Prozess als Nebenkläger.

Wie erinnert er seinen toten Bruder?

»Streng war er, sehr streng. Widerspruch hat er nicht gemocht.« Seine Frau sei sehr nett gewesen. »Das war eine lustige, hübsche Frau, die gern gelacht hat. Aber widersprochen hat die ihrem Mann bestimmt nie.« Er habe aber den Eindruck gehabt, dass das eine gute Ehe war. Und die beiden Mädchen, so hübsch und nett, die hätten damals auf dem Familienfest gesungen und Klavier gespielt, und jeder hätte sie gern gehabt. Seinen Neffen, den Angeklagten, hat der Onkel nur einmal gesehen. Er kenne ihn eigentlich nicht, aber er wisse, was für so einen richtig sei. Er schweigt und lächelt vielsagend.

Im Münster mit seiner steinernen, düsteren Gewaltigkeit ist nur das Flüstern der Besucher zu hören und ihre verhallenden schlurfenden Schritte, schlurfend wie jene der angeklagten Ketzer, die hier vor vierhundert Jahren durch das Kirchenschiff zur Urteilsverkündung am Altar geführt wurden.

Was denn richtig sei für den angeklagten Neffen, seiner Meinung nach?

»Was gehört so jemandem schon, der vier Menschen umgebracht hat? Was hat so einer verdient?« Er macht eine vielsagende Pause. Das Folgende bringt er mit äußerstem Nachdruck vor. »Die Todesstrafe natürlich gehört dem – die gehört beiden.« Ja, er plädiere unbedingt für die Todesstrafe.

Sein Bruder sei erfolgreich gewesen im Leben. Er habe nie abgelassen von seinen Zielen. Er habe die Regeln in der Familie festgelegt, wollte immer das Beste. Er habe zum Beispiel auf gesunder Ernährung bestanden und auf dem Verbot von Süßigkeiten für die Kinder. »Für sich selbst war er nicht so streng«, sagt der Mann und lacht ein abschätziges Lachen. Sein Bruder habe selbst gern Süßes gegessen und geraucht. Aber immer in

Maßen, denn eigentlich sei er ein Asket und Sportler gewesen. Er sei auf die Berge gerannt und seine Familie habe mit müssen, sagt der Mann, aber die hätten dabei auch ihren Spaß gehabt, die hätten sich, sagt er, gern führen lassen. »Und da kommt der eigene Sohn und schneidet dem Vater einfach das Leben ab.« Das solle dem nun auch geschehen, sagt der Bruder des Getöteten. Das jedenfalls sei seine Meinung.

Tobias Schallers Vater, Werner, stammte aus einer Kleinstadt auf der Schwäbischen Alb und wuchs in einer zusammengewürfelten Familie auf. Sein Vater war geschieden und brachte vier Kinder in die neue Ehe mit einer Witwe, die ein Kind mitbrachte. Werner blieb das einzige gemeinsame Kind dieser Verbindung.

Es war kein friedliches Miteinander. Der Vater herrschte mit Gewalt, und die Geschwister zerstritten sich derart, dass die älteste Tochter des Vaters behauptete, ihr Halbbruder Werner sei tot.

Werner Schaller war ehrgeizig und intelligent. Er wurde Bankkaufmann und machte sich schließlich selbständig. Zunächst mit einem Geschäft für Ehehygiene, wie man damals einen Sexshop nannte. Nach einigen Jahren gab er den Laden auf und entschloss sich, Heilpraktiker zu werden. Er zog mit seiner Frau nach Riedberg, kaufte ein Haus und eröffnete im Erdgeschoss eine Heilpraktiker-Praxis, mit der er Erfolg hatte. Auch seine Familie sollte von seinen medizinischen Kenntnissen profitieren. Die drei Kinder sollten gesund aufwachsen, mit Vollwertkost und ohne Süßigkeiten. Man habe im Hause Schaller nur kleine Gabeln verwendet, wird eine Zeugin vor Gericht aussagen, denn der Vater habe Wert darauf gelegt, dass langsam gegessen wurde.

Seine Patienten erzählen Gutes über ihn als Heilpraktiker und als Mensch. An Heiligabend brachte er alleinstehenden Kranken ein kleines Geschenk vorbei oder lud einen Patienten mit knapper Rente schon mal zum Essen an den Familientisch ein.

Werner Schaller war im öffentlichen Leben Riedbergs aktiv. Er engagierte sich parteipolitisch und in der Kirche, in der er bald Leiter der Kinderkirche wurde. Er habe, ruft ihm die Pfarrerin nach, mit Energie und Vitalität gewirkt, aber die anderen Helfer auch dominiert. Es sei, sagt die Pfarrerin, dieses Engagement nicht aus Frömmigkeit gewachsen, sondern aus Geltungssucht. Die anderen Helfer hätten sich von ihm an die Wand spielen lassen, was einige zwar geärgert habe, aber tatsächlich sei Werner Schaller bei den meisten beliebt gewesen.

8 »Die Welt ist schlecht«, sagt Tobias Schaller vor Gericht. Der kantsche Imperativ sei verlogen, denn gerade umgekehrt verhielten sich die Menschen; statt vorbildlich für eine allgemeine Gesetzgebung zu handeln, sei jeder auf den eigenen Vorteil aus. Nur das Ich zähle, und die Durchsetzung des Ichs rechtfertige die Beseitigung von Tieren und Menschen.

»Ein Weltbild«, sagt die Staatsanwältin, »entworfen, um moralische Hemmschwellen zu beseitigen, ein pseudophilosophischer Überbau zur Rechtfertigung eines schändlichen Verhaltens.« Es sei eine Form von Selbstbrutalisierung gewesen, wird später der Anwalt der Nebenklage sagen.

Es begann mit Tierquälerei. Bei einer Geburtstagsparty holte Tobias mit einem Besen im Garten unter einer Hecke einen Igel hervor, nahm ihn und setzte ihn lebend auf den Gartengrill. Tage später hatte er Jan angerufen: Jetzt muss eure Katze dran glauben. Nein, habe Jan gesagt, unsere Katze nicht. Und weil ein Argument logisch begründet werden musste, um annehmbar zu sein, habe Jan gesagt, das Fehlen der Katze brächte zu viel Unruhe in seine Familie. Das simple Nein des Herzens, wird der Anwalt der Nebenkläger viel später in seinem Plädoyer sagen, ein Nein des Herzens habe in dieser Freundschaft nicht gegolten.

Sie einigten sich auf die Katze der Nachbarin, dann käme eben die an die Reihe. Das Tier war im Haus der Schallers beliebt und machte jeden Tag einen Besuch. Tobias und Jan fingen die Katze ein, steckten sie in einen Sack und stachen so lange mit Messer und Brieföffner auf sie ein, bis sie tot war.

An einem Spätherbsttag drehten die beiden Freunde ein Video. Es zeigt, wie sie auf einer Wiese eine Gans einfangen und wie sie das Tier gemeinsam in der elterlichen Garage totschlagen, zeigt, wie sie das tote, blutüberströmte Tier hochhalten, während sie mit nacktem Oberkörper die blutigen Stöcke recken und sich triumphierend als Helden zeigen, die eine Gans zur Stecke gebracht haben.

»Woher«, fragt der Anwalt der Nebenklage, »kommt diese Brutalität? Warum sind zwei junge Menschen bereit, so einen Prozess der Selbstbrutalisierung zu durchlaufen, warum haben bei beiden Angeklagten normale Mechanismen des inneren Erschreckens, des Erschreckens über sich selbst, versagt? Warum hat das bei beiden nicht gegriffen?«

Beide Angeklagten, sagt der Anwalt, hätten unter Ausschluss der Öffentlichkeit davon gesprochen, wie sie mit diesen Aktionen geübt hätten, die Emotionen zu beseitigen, und wie schließlich nur die kalte Rationalität übrig geblieben sei. Und beide hätten diesen Erfolg genossen.

Verhandlungspause. In der Eingangshalle des Gerichtsgebäudes, gleich neben dem Kaffeeautomaten und dem Abfalleimer, ist ein Weihnachtsbaum aufgestellt worden. Eine hohe, schön gewachsene Tanne, mit roten, nach oben kleiner werdenden Kugeln geschmückt. Die elektrischen Kerzen leuchten, die roten Kugeln glänzen.

Beim leuchtenden Baum am Kaffeeautomaten steht jetzt eine kleine Runde aus Prozessbeobachtern und Prozessbeteiligten. Und während aus Pappbechern Kaffee getrunken wird, findet ein kurzer Meinungsaustausch statt.

»Der Tobias hat gelitten an der Welt«, sagt die Journalistin, die für eine große Zeitschrift arbeitet. Er habe gelitten an dieser Welt wie ein Schwein. Er wirke nach außen aufgrund seiner Intelligenz und seiner Umgangsformen selbstsicher und erwecke so den Anschein eines selbstbewussten Menschen, doch das sei nur Fassade, und dahinter verberge sich ein armes kleines Kind.

Die beiden Jungs, die keine Drogen nahmen und ein Wirtschaftsgymnasium besuchten, seien in eine Parallelwelt abgetaucht, in der sie Tötungsphantasien entwickelt und sich als die Herrscher der Welt aufgeführt hätten. Und dieses Aufspalten von scheinbarer Normalität im Alltag in das exklusive Leben, zu dem niemand Zugang hatte, das sei ihrer Meinung nach, sagt die Journalistin, die notwendige Voraussetzung dafür, dass es so weit habe kommen können. Die Morde seien ein Produkt dieser Parallelwelt.

»Ich sehe in ihm nicht das Opfer, sondern den Täter«, sagt ihr Kollege.

»Er hat gelitten an diesen Erwachsenen«, sagt die Journalistin jetzt mit Emphase. »Er hat an dieser heuchlerischen Fassade gelitten, die die Familie aufgebaut hat, und je mehr er zum Denken kam, umso enttäuschter war er. Er fühlte sich nicht angenommen, merkte, dass sein Vater seine Mutter wie einen Einrichtungsgegenstand benutzte und fühlte sich dann auch selbst nicht als geliebtes Kind. Er fühlte sich plötzlich fürchterlich allein.«

»Ich spekuliere«, sagt der Kollege, »dass das, was er an inneren Konflikten und Nöten und Auseinandersetzungen hatte, auf einem ähnlichen Level ist wie bei zwanzig Prozent der Jugendlichen in dieser Kleinstadt. Tobias Schaller ist für das, was er getan hat, verantwortlich, so wie wir für das, was wir tun, verantwortlich sind.«

Tobias' Anwalt hatte an einem Verhandlungstag vorgetragen, seinem Mandanten habe der Respekt der Familie gefehlt, deren Zuneigung und Solidarität. Er sei der Einzige gewesen, der sich gegen den Vater aufgelehnt habe. Mutter und Schwestern, die ebenfalls unter dessen Launen gelitten hätten, hätten Tobias regelmäßig die Unterstützung gegen den Vater verweigert. So habe er sich seiner Familie immer mehr entfremdet und begonnen, sie zu verachten, auch weil sie ihm intellektuell unterlegen gewesen sei. Ausziehen von zu Hause aber habe er nicht wollen, wegen der materiellen Sicherheit.

Der psychiatrische Gutachter braucht auch Kaffee und klinkt sich ein ins Gespräch. »Das gehört zu den Hypothesen, die es zu prüfen galt, ob bei Tobias eine narzisstische Störung in Richtung einer übermäßigen Empfindlichkeit vorliegt, einer übermäßigen Kränkbarkeit, auch in Form eines übermäßigen Nachtragens, einer Verweigerung, auch mal zu verzeihen und nachzugeben, ob das der Fall gewesen ist. Aber nach meinem Dafürhalten hat die Beweisaufnahme für eine solche Hypothese, nämlich persönlichkeitsgestörter Täter im Sinne einer krankheitswertigen Persönlichkeitsstörung, keine ausreichenden Anhaltspunkte erbracht. Es gibt sicher bei Tobias narzisstische Züge, aber letztlich reicht das aus meiner gutachterlichen Sicht nicht aus, um das monströse Tatgeschehen erklären zu können.«

»Wie hat Tobias die familiäre Hölle geschildert?«

»Das ist das Problem: Über die reine Behauptung hinaus, es sei die Hölle gewesen, hat er nicht viel gesagt. Von einem Brettspiel hat er erzählt, das der Vater wütend umgestoßen habe, als er verlor, vom Jähzorn, in dem er den Sohn einmal an die Wand drückte, ohne sich danach zu entschuldigen, und von der Schneewanderung, bei der der Vater die ganze Familie auf einen falschen Weg geführt und alle in Todesangst versetzt habe. Er, der Sohn, habe den richtigen Weg gewusst, aber der Vater habe auf seiner Entscheidung beharrt. Nie habe der Vater einen Fehler eingestanden.

»Halten Sie denn beide Angeklagten für zurechnungsfähig?«

Nachdem er die Akten gelesen habe, sagt der Gutachter, habe er zunächst gedacht: »Entweder war das die Tat von Wahnsinnigen, also im klassischen Sinne von psychisch Kranken, oder es müssen in dieser Familie ganz fürchterliche Dinge passiert sein.«

»Es klingt nur deshalb nach Wahnsinn, weil wir uns gern beruhigen wollen«, sagt da der Nebenklägeranwalt, über dessen weißem Haarschopf eine rote Baumkugel herabhängt wie ein seltsamer Haarschmuck. »Es beruhigt uns, wenn wir die Taten, die wir verabscheuen, als Taten von Wahnsinnigen darstellen. Da können wir uns zurücklehnen und sagen, so was passiert eben, wenn's Wahnsinnige sind.«

»Von Wahnsinn ist hier nichts zu finden«, sagt der Gutachter. »Das, was Tobias Schaller an Einzelanekdoten genannt hat«, sagt er, »das sind alles Konflikte, die ein Großteil von Jugendlichen mit ihren Eltern im Laufe der Adoleszenz führen.«

»Das ist ja der Punkt«, sagt die Journalistin, »dass Sie als Gutachter sagen, das waren nur Alltagsschwierigkeiten. Aber dieses Kind hat gelitten wie ein Schwein. Die Tötung muss für diesen Jungen wie eine Befreiung gewesen sein; muss ihm das Gefühl gegeben haben: Jetzt bin ich ein neuer Mensch. Wie schrecklich das ist, ist eine andere Frage.«

Der Gutachter federt den Angriff mit einem nachsichtigen Lächeln ab. »Es fiel eben auf«, sagt er, »dass alles, was von Tobias Schaller während der nichtöffentlichen Befragung selbst gesagt wurde zu diesen angeblichen Belastungen und Dramatisierungen, sich ganz überwiegend auf den Vater bezogen hat. Und die Frage, die für mich im Raum steht, ist: Warum musste dann nicht nur der Vater, sondern auch die Mutter und die beiden Schwestern sterben?« Diese Frage, sagt der Gutachter, sei ihm im Laufe des Prozesses immer drängender geworden, während das Motiv sich immer weiter verdunkelt habe.

Tobias Schaller habe versucht, sagt der Nebenklägeranwalt, den Vater als einen traumatisch in sein Leben eingreifenden Tyrannen zu schildern. »Doch als er das an Beispielen deutlich machen sollte, kam nichts als dünne Luft.« Für einen Tyrannenmord gebe es keinen Anhaltspunkt. Habgier dagegen sei als Motiv sehr gut dokumentiert.

Seine Frau, eine Staatsanwältin, sagt der Anwalt, halte für möglich, dass nach den vier Morden auch Jan Reichel erschossen werden sollte, damit Tobias alleine und frei über das Geld verfügen hätte können. »Solch eine Annahme«, sagt er, »wird gestützt durch die Philosophie, die Tobias entwickelt hat: Da es keine objektive Erkenntnis gibt, ist jeder das Maß aller Dinge und muss für sich festlegen, was gut, was böse ist.«

Tobias Schaller hatte seinen Freund Jan kurz vor der Tat aufgefordert, aufzuschreiben, was er sich vom Leben wünsche. Es entstand eine Wunschliste wie aus dem Katalog: ein kleines Auto und einen großen Fernsehapparat, ein schönes Haus mit Garten und viele Reisen – eine Wunschliste, die er zu Hause bei seinen Eltern weitgehend erfüllt vorfand.

»Die Liste stand in Zusammenhang mit dem Mordplan«, sagt der Nebenklägeranwalt. »Kryptisch war am Ende darauf vermerkt: schwimmen anfangen nach 5, 1, 4, 2. Diese Zahlenreihe hat Jan Reichel dem Gericht so erklärt: 5 stand für die fünf Mitglieder der Familie Schaller, 1 für Tobias, 4 für die, die sterben sollten. Die 2 – das waren die beiden Freunde, die anschließend in den Genuss des Erbes kommen würden.«

Auch Tobias Schaller hatte am Vorabend eine Liste angelegt und aufgeschrieben, was nach der Tat zu erledigen sei: Oma anrufen, Beerdigung, Wohnung aufpeppen, Vermietung von Wohnung und Praxis, Finanzcheck, Besprechung mit dem Steuerberater, Autoverkauf und -kauf.

»Selten hat man in einem Mordfall den Umstand«, sagt der Anwalt, »dass der Täter seine Motive vorher notiert und die Polizei das auch gefunden hat.«

9 Im Vereinsheim der DLRG in Riedberg fegt der Kassierer mit dem Besen die Spinnweben von der Holzdecke, während der 1. Vorsitzende eine Tüte mit Bonbons anbietet, auf der sein Portrait mit Geburtsdatum aufgedruckt ist. Herr Epple ist zwei Tage zuvor sechzig geworden.

»Der Tobias«, sagt er, »ist wie seine Schwestern auch bei uns geschwommen. Das sind jetzt ungefähr acht Jahre, dass er zu uns in den Verein gekommen ist. Von Anfang an hat er sich engagiert, so sehr, dass wir ihn nach zwei Jahren als Übungsleiter beim Schwimmunterricht eingesetzt haben. Denn er hatte eine natürliche Intelligenz, ein so offenes freundliches Wesen, dass er bei allen beliebt war. Nie hat man ihn zornig gesehen oder von ihm ein böses Wort gehört. Er vertrug sich einfach mit allen und war der Schwarm der Mädchen.«

Herrn Epple gegenüber sitzt der 2. Vorsitzende, Herr Raff, der den Vortrag des 1. Vorsitzenden mit zustimmendem Nicken begleitet hat. »Er war ein Kumpel«, sagt Herr Raff jetzt, »ein Kamerad, ein Freund, und er hat mit seinem Wesen die Menschen bewegt. Durch seine Art war er der Liebling von allen hier, und ich hab immer gesagt, das ist der Lieblingsschwiegersohn. Und wenn er zweimal die Woche zum Training kam, hab ich mich jedes Mal gefreut, denn man hat unwahrscheinlich toll mit ihm diskutieren können, das war eine seiner Stärken. Er war«, sagt Herr Raff und nickt sich selbst zu, »er war sehr reif.«

Die drei Herren aus dem Vereinsvorstand sitzen stumm und

schauen die Journalistin an, als könne die mit der richtigen Frage die allen unbekannte richtige Antwort auf das Warum hervorlocken.

»Am Abend vor der Tat«, sagt Herr Epple, »hatten wir noch unseren Schwimmabend. Der Tobias kam wie immer, hat mich wie immer mit Handschlag begrüßt, ›Grüß dich Stefan‹, – am Abend vorher, am Abend vor der Tat – also …«, Herr Epple stockt und seufzt, »er war nur freundlich und aufgeschlossen.«

Und der Kassierer erzählt von einem Vortrag, den der Tobias im vorigen Jahr im Gemeindehaus gehalten habe, ein Lichtbildvortrag über den Jakobsweg, den er gemeinsam mit einem Schulfreund gemacht habe – nein, nicht mit Jan Reichel, mit einem anderen Freund habe er die 650 Kilometer in vier Wochen gemacht. Eher sportlich motiviert als religiös sei diese Wallfahrt wohl gewesen. »Aber dieser Vortrag, den der Tobias da gehalten hat, ist derart eindrucksvoll gewesen«, sagt der Kassierer, »der war so spannend erzählt und mit tollen Fotos und interessanten Informationen, dass ich diesen Weg so bald wie möglich auch machen wollte.«

Durch den Regen fährt mich der 2. Vorsitzende zur Bahn und erzählt, wie es war, als sie vom Tod der Familie erfuhren und wer die Täter waren. Die mutmaßlichen, sagt er, müsse man wohl noch sagen. Und wie sie drei Tage lang wie verstört gewesen seien, und wie schließlich der Vereinsvorstand einen Seelsorger, der gewöhnlich schwer traumatisierte Menschen betreut, gebeten habe, doch zu den Vereinsmitgliedern zu sprechen. Und wie jener dann gesagt habe, man müsse die Tatsache akzeptieren, dass die beiden Jungs die Täter seien, und aufhören nach dem Warum zu fragen. Und wie da der große, schwere Mann aus dem Vorstand, der immer alles im Griff hatte, wie der plötzlich angefangen habe, bitterlich zu weinen.

Die rechte Hand des 2. Vorsitzenden löst sich vom Lenkrad und deutet auf den Rücksitz. »Da, da hat er gesessen, der Tobias. Und ich hab gedacht, wie der Junge so klug daherredete, so sympathisch in allem, da habe ich gedacht, was für ein gelungenes Menschenkind der ist.«

10 Ehe das erste Bild auf einer großen Leinwand im Saal des Ulmer Landgerichts erscheint, weist der Vorsitzende Richter die Prozessbeobachter vorsorglich darauf hin, sich auf schreckliche Anblicke gefasst zu machen und auch zu erwägen, den Saal zu verlassen.

Auf den Dielen des schmalen Flurs hinter der blaugestrichenen Wohnungstür liegt Werner Schaller in Jeans und mit kariertem Hemd und weinroter Weste, auf der jetzt ein Laserpunkt zittert, hingleitet zu einem kaum fingernagelgroßen hellen Gegenstand auf der Brust des Toten. Ein Zahn, sagt der Mediziner, der durch den Schuss in Lippe und Kinn herausgeschleudert worden sei. Lang ausgestreckt liegt er da, ein schlanker, großer Mann, einen Arm angewinkelt auf den an der Wand abgestellten Schuhen, den schuhlosen Fuß in einem kleinen Kehrrichthaufen. Fast werden seine Beine berührt von den Füßen seiner Frau, die aus dem Badezimmer in den Flur ragen.

Am Karfreitagmorgen, dem Morgen nach der Tat, ist der Sohn mit dem Freund noch einmal in die elterliche Wohnung zurückgekehrt, um die fehlenden Geschosshülsen aufzusammeln. Er muss über den toten Vater gestiegen und ins Badezimmer gegangen sein, in dem die Mutter liegt, den Kopf in einer Blutlache neben dem Klo, das abzuwischen er den Freund auffordert, um mögliche Spuren zu beseitigen. Er muss durch den großen Wohnraum mit dem leuchtend gelben Forsythienstrauß gegangen sein, vorbei am Klavier, auf dem die musikalischen Schwestern spielten, vorbei am Esstisch mit einem kleinen Korb voll Osterdekoration, muss die offene Treppe hochgestiegen sein, zum Zimmer der jüngeren Schwester im ausgebauten Dachraum, vorbei an der Tasche mit Ostergeschenken, vorbei am schmalen Bett mit dem Plüschbären hin zu einer großen Matratze, vor der eine Packung Chips liegt und Süßigkeiten und die offene Handtasche und ein Handy. Auf der Matratze und vor dem Fernsehapparat die toten Schwestern in Nachtkleidung und deren Blut in großen Lachen auf Laken und Boden. Und wie der Bruder hinter den Schwestern nach den Geschosshülsen sucht, die bei Tageslicht nun alle zu finden sind, und wie er, wegen der Dachschräge in gebückter Haltung über die auf der Matratze liegenden Schwestern, über den Kopf der jüngeren hinweg, deren blutüberströmtes, zerschossenes Gesicht zur Decke gerichtet ist, wie er über die Toten hinweg Wand und Fußboden abgesucht haben muss, um dann den Notruf zu wählen und dabei einen derart verzweifelten, verstörten Eindruck zu erwecken, dass der Staatsanwalt, der die Aufzeichnung des Notrufs später abhört, stutzt über so viel Authentizität, bis hin zum Detail der zunächst falsch angegebenen Hausnummer. Es war, wie der Freund später an seinen Anwalt schreiben wird, die »Wir-haben-sie-tot-gefunden-Schau«, die abgezogen wurde, eine Schau, die von keinem der herbeigeeilten Professionellen nicht als authentisches Erleben wahrgenommen worden war.

Und während Tobias Schaller vor dem Haus stehend heult und schreit: »Wär ich dagewesen, vielleicht hätt ich es verhindern können« und »Den bring ich um, wenn ich den in die Finger bekomm«, sitzt Jan Reichel zitternd und weinend am Boden. Er sei mit den Nerven fertig gewesen, sagt die Rettungsassistentin vor Gericht. Es sei für sie alles so überzeugend gewesen, wie sich die beiden Freunde verhalten hätten, sagt sie, und es habe ihr so leid getan, dass sie nicht helfen konnte.

Richard Kemper und Daniel Beyer, die langjährigen Freunde der Schaller-Schwestern waren an jenem Karfreitagmorgen auch in die Bogenstraße gekommen. Klara und Richard wollten die Ostertage in Berlin verbringen. Beide sangen im Kirchenchor und wollten gleich nach dem Gottesdienst ins Auto steigen und losfahren. Sie waren seit acht Jahren ein Paar und hatten vor zu heiraten, sobald Klara ihr Lehrerexamen in der Tasche hätte. Eine Wohnung war bereits ausgesucht.

Am Morgen des Karfreitags hatte Richard an der Haustür des schallerschen Hauses geklingelt, um Klara zum Kirchgang abzuholen. Niemand öffnete, niemand ging ans Telefon, und so fuhr er schließlich alleine los. Klara, dachte er, ist bestimmt schon dort.

Marlenes Freund Daniel hatte an diesem Morgen gegen zehn Uhr einen Anruf von Tobias bekommen: »Komm schnell, es sind alle tot.«

Daniel war in der Tatnacht spät noch einmal in die Bogenstraße zum Haus der Schallers gefahren. Er hatte am Abend mit der Familie im Garten gesessen und gegessen und war dann zum Fußballtraining gefahren. Jetzt wollte er Marlene noch gute Nacht sagen und sich von ihr trösten lassen, weil er beim anschließenden Kartenspiel etwas Geld verloren hatte.

»Es war kurz vor halb eins«, sagte er, »ich hatte sie angerufen, damit sie mir öffnet, aber sie nahm nicht ab, und ich dachte, dann ist ihr Handy-Akku leer, und fuhr heim.«

Die Eltern Schaller waren wenig später nach Hause gekommen, waren zu ihrer Wohnung hinaufgestiegen, in der Tobias und Jan sie erwarteten.

»Wenn ich ein paar Minuten später vor dem Haus gestanden hätte«, sagt Daniel vor Gericht, »wäre ich den Eltern begegnet und mit ihnen in die Wohnung hochgegangen. Dann«, sagt er und stockt, »dann wär ich jetzt wohl auch tot.«

Vor Gericht berichten beide Freunde der Schwestern von der strengen, aber liebevollen Atmosphäre in der Familie Schaller. Der Vater habe das Sagen gehabt, beide Töchter hätten ihn als streng empfunden. Sie hätten Tobias immer in Schutz genommen, wenn es zum Streit zwischen ihm und dem Vater gekommen sei. Und das sei öfter passiert, denn beide seien Rechthaber gewesen.

Ob der Vater eine positive Autorität gewesen sei oder doch ein Tyrann, will der Verteidiger des Sohnes wissen.

»Möglicherweise beides« sagt Richard Kemper. »Aber er war nicht unfair.« Die Mutter habe Tobias besonders gemocht und ihn bevorzugt. Sie hatte einen Sticker an seine Tür geklebt: »Prince sleeps here«, und tatsächlich habe sie ihn wie ihren kleinen Prinzen behandelt.

Der Vater, sagen Kemper und Beyer übereinstimmend, habe

seinen Sohn gemocht und sei stolz auf ihn gewesen. Er habe nur gut über den Sohn gesprochen, habe immer wieder anerkennend erwähnt, wie fleißig er sei und wie viel Erfolg er habe. Erfolg, ja, das sei dem Vater sehr wichtig gewesen. Auch dass Tobias eitel war, habe dem Vater gefallen. Das sei ganz offensichtlich gewesen. Der Vater habe seinen Sohn ernst genommen. So habe er beispielsweise, als Tobias sechzehn wurde, gesagt: Jetzt darfst du offiziell ein Bier trinken. Das Anliegen des Vaters sei gewesen, seine Kinder gut vorbereitet ins Erwachsenenleben zu entlassen. Wenn alle flügge seien, habe er gesagt, dann würden sie, die Eltern, nach Spanien ziehen und mit Freunden ein Haus kaufen, um dort zu leben.

Der dicke Wachtmeister in der ersten Reihe ist aufgewacht und geht gewichtig zur Saaltür. Die Zeugin, die jetzt aufgerufen wird, ist eine Nachbarin der Familie Schaller. Sie bewohnt eine Dachwohnung auf der gegenüberliegenden Straßenseite, von der aus sie in die Fenster der schallerschen Wohnung schauen kann.

Am Gründonnerstag ist das Kleinkind der Nachbarin krank. Es fiebert und hat Schmerzen. Um 22 Uhr, sagt die junge Frau, sei sie mit dem Kind auf dem Arm auf und ab gegangen. Die Uhrzeit weiß sie genau, weil sie da noch einmal mit dem Arzt telefoniert hat. Der Arzt gibt ihr Behandlungshinweise und rät, bei einer Verschlechterung ins Krankenhaus zu fahren.

Während die Nachbarin versucht, das Kind zu beruhigen, schaut sie gelegentlich hinaus in die Nacht. In der Wohnung der Schallers brennt Licht, und sie sieht dort zwei Männer auf und ab gehen. »Das war um 22 Uhr«, sagt die Zeugin. Zu dieser Zeit sind die Schwestern des Tobias Schaller schon eine halbe Stunde tot.

Kurz vor zwei Uhr morgens muss die Frau dem kranken Kind noch einmal Medizin eingeben. Alle vier Stunden, sagt sie, das habe der Arzt verordnet. Sie versorgt das Kind und trägt es erneut eine Zeitlang auf dem Arm wiegend auf und ab. Wieder schaut sie hinüber zur Wohnung der Schallers, und wieder sieht sie zwei männliche Gestalten. Sie laufen jetzt nicht mehr hin und her, aber sie recken die Arme in die Höhe. Was machen die da, mit nacktem Oberkörper?, habe sich die Nachbarin damals gefragt. Sie ist sich sicher, Tobias Schaller und Jan Reichel in den Gestalten erkannt zu haben, denn sie kennt die beiden seit langem.

Was das denn für Armbewegungen gewesen seien, will die Staatsanwältin wissen.

Ach, sagt die junge Frau, es habe sie irgendwie an Jubelgesten erinnert, so wie man sie von Fußballfans oder Popkonzert-Besuchern kenne.

Die Ermittler haben geprüft, was nachts durch das Fenster der Wohnung der Nachbarin in der beleuchteten Wohnung der Schallers zu sehen ist. Sie stellen die beschriebene Szene nach und machen Aufnahmen davon, die das Gericht jetzt vorführt. Mehr schattenhaft, aber doch deutlich umrissen, sieht man zwei Gestalten, die bei einem bestimmten Abstand zum Fenster genauer und als Männer zu erkennen sind.

»Was haben Sie in der Wohnung zwischen 0.30 und 2.00 Uhr gemacht«, will der beisitzende Richter wissen. »Was tun Sie zur Tatzeit mit nacktem Oberkörper in der Wohnung?«

Keiner der Angeklagten rührt sich. Tobias Schaller sitzt neben seinem Anwalt. Er ist bleich geworden während der Haft, und kaum noch etwas ist sichtbar vom strahlenden, gutaussehenden Lieblingsschwiegersohn vieler Eltern. Ausdruckslos sitzt er, wie die meiste Zeit, über sein Heft gebeugt und schreibt, als gehe es um eine Prüfung, während Jan Reichel wie immer zusammengesunken und regungslos dasitzt, die Füße in den Fußfesseln übereinandergeschlagen. Er sitzt so über die zwanzig Prozesstage hin, nur wenige Meter von seinen Eltern entfernt.

»Das bedeutet«, sagt die Staatsanwältin, »dass Sie sich noch eineinhalb Stunden nach der Tat in der Wohnung aufgehalten haben.«

»Los jetzt«, sagt der Beisitzende Richter, und man spürt seinen Unmut über die verstockten Angeklagten, »sagen Sie es, Herr Reichel, was war das mit dem nackten Oberkörper?« Eine Antwort, sagt der Richter, könne eine mögliche günstigere Beurteilung für den Angeklagten zur Folge haben. Die Angeklagten bleiben stumm.

11 Am dritten Verhandlungstag gesteht Jan Reichel, er allein habe mit zwei Pistolen die Eltern und die Schwestern des Tobias Schaller erschossen. Er habe es aus Liebe zu Tobias getan.

Tobias habe es geschafft, sagt Jans Anwalt, seinen Freund dazu zu bringen, es allein zu tun. Tobias wollte die Tat, aber er wollte sich damit nicht die Finger schmutzig machen. Ursprünglich hatte Tobias den Freund alleine in die Wohnung schicken wollen. Jan aber hätte sich geweigert und zu Tobias gesagt: »Nein, ich brauch dich da schon.«

Nach den tödlichen Schüssen auf die Schwestern habe Jan dann allerdings nicht mitgehen wollen zu den Eltern, die dort im *Blue Star*, dem Lokal, saßen. Er habe zu Tobias gesagt, er könne das nicht, und da habe der geantwortet: »Doch, du kannst das. Das schaffst du.« Tobias habe Jan in den Arm genommen und gesagt: »Das muss jetzt sein.«

»Es war«, sagt der Anwalt, »immer getreu dem Motto, dass Gefühle beherrschbar seien und man nur ein bisschen durchhalten müsse, dann könne man alles schaffen. Und dann ist Jan mitgegangen.«

Diese Episode, nachdem die beiden Schwestern bereits tot waren und die beiden Angeklagten zu ihren zukünftigen Opfern gingen und sich lieb Kind machten, gehört für den psychiatrischen Gutachter zu dem, wie er sagt, im Kern Unerklärlichen. »Man muss sich die Frage stellen, was steckt da dahinter?« Es gäbe, sagt der Gutachter, für ihn drei Deutungsmöglichkeiten. »Einmal, dass vielleicht tatsächlich noch eine Art Abschied-nehmen-Wollen eine Rolle gespielt hat. Das halte ich allerdings in diesem Fall für an den Haaren herbeigezogen.«

Die andere Deutung ginge in Richtung Machtdemonstration. Die Täter wollten den Opfern noch einmal zeigen, wie sehr sie die Situation unter Kontrolle hatten. Und natürlich wollten sie auch sich selbst beweisen, wie sehr sie über den Dingen stehen. Das ginge dann in Richtung einer narzisstischen Machthypothese. Diese Deutung halte er für plausibler, sagt der Gutachter.

»Die dritte Deutungsmöglichkeit wäre die taktische. Beide Angeklagten haben sich vor der Tat viele Gedanken gemacht, was sie tun müssen, damit sie nicht ins Visier der Ermittler geraten. Sie dachten sich, wenn wir in der Zwischenzeit bei den

Eltern auftauchen und ganz unauffällig sind, dann kommt die Polizei nicht auf die Idee, dass wir die Täter sein könnten. Das ist, was von beiden indirekt angedeutet worden ist.« Es sei ihnen, sagt der Gutachter, dabei um Alibi-Überlegungen gegangen.

Der Zeuge, der den letzten Abend mit dem Ehepaar Schaller in der Gaststätte bei Live-Musik verbrachte, hatte dem Gericht erzählt, wie er und seine Frau und die Schallers, mit denen sie seit Jahren eng befreundet waren und mit denen sie ihren Lebensabend in Spanien verbringen wollten, bei einem Glas Wein zusammen am Tisch gesessen und die alten Songs mitgesungen hätten, »Born to Be Wild« und »I Never Want to Die«. Und wie, so gefühlt nach der Halbzeit, zur Überraschung aller vier die Jungs dagestanden wären, gutgelaunt wie immer, mit fröhlicher Begrüßung, Jan per Handschlag und Tobias mit einer Umarmung der Eltern und ihrer Freunde. Die Jungs hätten sich was zu trinken geholt, sagte der Zeuge, und man habe über die Wanderung am nächsten Tag gesprochen, die die Eltern mit den Freunden geplant hatten. Und Tobias habe gesagt, er und Jan würden auch gern mitgehen, ob das o.k. wäre. »Ja«, habe der Vater gesagt, »natürlich, das freut uns.« Es sei eine lockere, lustige Stimmung gewesen, man habe gelacht, auch mit den Jungs. »Es war nichts Auffälliges«, sagte der Zeuge. Jan sei ein bisschen zurückhaltend gewesen, während Tobias den Party-Ochsen gegeben habe. Eben so wie immer. Lustig und zwanglos sei es gewesen.

Nach ungefähr einer halben Stunde hätten sich die Jungs wieder verabschiedet, freundlich und nett, so wie immer, sagte der Zeuge. »Wir haben dann noch gesungen, haben unsern Spaß gehabt, und als wir aufbrachen und hinaustraten in die sternklare Nacht, drehte sich Werner um und schaute hoch und

sagte zu mir: »Gell, das ist doch ein wunderschöner Mond?«
Dann habe er sich an die Frau des Zeugen gewandt, habe sie
in den Arm genommen und gesagt: »Sei auch lieb zu deinem
lieben Mann.«

»Das klingt wie ein Abschied«, sagte der Zeuge vor Gericht
und brach in Tränen aus.

Warum tötete Jan Reichel vier Menschen, mit denen ihn keine
schlechte Erfahrung verband, von deren Tod er sich nichts er-
hoffen konnte?

Tobias Schaller habe ein feines Gespür dafür, was man sagen
müsse, damit Leute das tun, was er wolle, sagt Jans Verteidiger.
Darin sei er fast ein Meister. Er habe gewusst, dass Jan nur zur
Tat zu bewegen sei, wenn er sagt: »Du, mir geht's so beschissen,
mein Vater ist so furchtbar, und ich bin so verzweifelt, dass ich
mich umbringen möchte.« Mit dieser Argumentation habe er
Jan fest im Griff gehabt.

»Dieser junge Mann«, sagt die Gerichtsreporterin, »findet
einen Freund, der für ihn die Tat begeht, während er selbst
sagt: Ich hab's nicht übers Herz gebracht. Der Freund macht
für ihn die Schmutzarbeit, verkleidet sich mit Handschuhen,
Mütze und Skibrille und ist bereit, vier Menschen umzubringen, weil sein Freund an ihnen leidet und sie ausgelöscht sehen
will. Diese Konstellation ist schon so –«, die wortbegabte Re-
porterin sucht nach Worten, »die ist schon so aberwitzig, dass
man sich fragt: Um Gottes willen, was geht in den Köpfen unserer Kinder vor?«

Der Entschluss zur Tat sei erst gefasst worden, so eine Version,
als Jan Reichel auf der Treppe zum Zimmer der Schwestern

steht und von Tobias Schaller die Waffe in die Hand geschoben bekommt. Und Jan, der die Waffe nimmt und nicht nein sagt, nein, ich schieße nicht, weil er schwach ist und die Angst groß vor dem Verlust der Freundschaft, die Angst vor Verlust des Ansehens, die Angst, herauszufallen aus der aufregenden Phantasiewelt, zurück in die Einsamkeit, eine Angst, die größer ist, als jetzt zu schießen. Und Tobias, der das Vorhaben durchziehen will, weil hinter dem dringend angesagten vierfachen Tod ein lang durchdachtes Konzept steht, ausgedacht in Variationen mit stets dem gleichen Ziel, sich zu erheben und anstrengungsfrei zu befreien von den Gegebenheiten seines Lebens, um aufzubrechen in eine neue, schöne, glückliche Zukunft. Tobias Schaller lässt es zu und ruft den Freund nicht zurück.

Truman Capote hat in *Kaltblütig* beschrieben, wie Perry Smith kurz vor dem Mord an der vierköpfigen Familie Clutter den Freund Dick Hickock auffordert, die gefesselten Opfer zu erschießen, um Hickock, den furchtlosen Macher, der dieses ergebnislose räuberische Unternehmen angestiftet hat, als Feigling bloßzustellen. Und wie Hickock sich der Tat verweigert und Perry nun zeigen muss, dass er selbst kein Feigling ist und in einer besinnungslosen Raserei vier Menschen tötet.

Beide, vermutet Tobias Schallers Verteidiger, hätten ihre Glaubwürdigkeit voreinander verloren, wenn sie da auf der Treppe einen Rückzieher gemacht hätten. »Die Tat war so lange und so ausführlich geplant, dass sie nun geschehen musste.«

Keiner der Prozessteilnehmer ist von Jan Reichels Behauptung, alleiniger Schütze zu sein, überzeugt.

Der kriminaltechnische Waffenexperte verweist auf die Unwahrscheinlichkeit, dass jemand nach Westernart mit beiden Schusswaffen, deren Läufe in zu Schalldämpfern umgebauten Plastikflaschen steckten, gleichzeitig schießt und trifft. Nein, das sei fast nicht vorstellbar, beidhändig mit dieser instabilen Konstruktion zu schießen und dann auch noch zu treffen. Alle dreißig abgegebenen Schüsse aber hätten getroffen.

Am Ende des Prozesstages treffe ich den Anwalt der Nebenklage im Zug. Und während wir unter einem Himmel in dramatischem Lila durch die Wiesenlandschaft fahren, hinein in die Nacht, führt die drängende Frage, was junge Menschen, die geliebt und beliebt sind, zu Mördern werden lässt, mit ins Dunkel. »Weshalb«, frage ich, »sagt Jan Reichel bei der ersten Vernehmung aus, sein Freund Tobias habe auch geschossen, und weshalb nimmt er nun den ganzen Tötungsakt allein auf sich?«

»Juristisch ist das ja unerheblich, ob nun der eine oder andere geschossen hat«, sagt der Anwalt, »denn beide waren an der Tatausführung in irgendeiner Weise beteiligt. Ich glaube, dass das, was Jan ganz am Anfang bekundet hat, eher der Wahrheit entspricht. Damals hatte er zwar noch Angst und Hemmungen, seinen Freund mit reinzureiten, aber er dachte in seiner Verstörung noch nicht taktisch. Er sagte: ›Tobias hat erst die Schwestern und dann den Vater erschossen. Ich hab nur auf die Mutter geschossen, das hat Tobias nicht übers Herz gebracht. Das hab ich ihm abgenommen.‹«

12 »Jeden Tag ein bisschen besser«, steht auf der Stofftasche, die an Jan Reichels gefesselten Handgelenken baumelt. Er trüge Papiere darin mit sich und etwas zu trinken, sagt der Wachtmeister, der ihn hereingeführt hat. Aber die Tasche, die Jan Reichel neben seinem Stuhl abstellt, bleibt über den Prozesstag hin unbenutzt.

Dem psychiatrischen Gutachter hatte Jan Reichel gesagt, er habe es aus Freundschaft getan, um den Freund nicht zu verlieren, aber auch, weil er Tobias' Motive habe nachvollziehen können, dessen Hass auf die Familie. Jan habe, hatte der Gutachter gesagt, also schon Tobias' Tatmotivation zu seiner eigenen gemacht. Tobias Schaller habe dieses Tatmotiv während der Exploration bestätigt. Es sei der Hass auf seine Familie gewesen, der ihn zur Tat getrieben habe, verbunden mit einer Ausweglosigkeit, die durch einen Auszug, durch ein bloßes Verlassen des elterlichen Haushalts sich nicht hätte beseitigen lassen. Der Vater, hatte Tobias dem psychiatrischen Gutachter gesagt, hätte dann den Druck auf ihn erhöht und ihm alle Geldhähne abgedreht.

Was Jan Reichels Halbbruder, der es auf einen Bruch mit der Familie hatte ankommen lassen, vorgelebt hatte, hatte Tobias Schaller dem psychiatrischen Gutachter gesagt, das habe er, Tobias, nicht riskieren wollen. Die innere Emigration aber habe sich für ihn als nicht mehr tragbar erwiesen, und so sei für ihn nur noch dieser destruktive Ausweg möglich erschienen.

»Aber ob diese Behauptung stimmt«, hatte der Gutachter gesagt, »oder ob das nur eine Schutzbehauptung war, in dem kalkulierten Interesse, wenn er die Tat als eine Beziehungstat präsentiert, der Nachsicht des Gerichts sicher sein zu können, das ist eine der großen Fragen, die über dem Prozess schweben, und letztlich wird das Gericht das zu beurteilen haben.«

Der Wachtmeister nimmt Jan Reichel die Handschellen ab, um sie ihm erst wieder anzulegen, wenn er hinausgeführt wird. Keine Regung zeigt sich in dem kindlichen Gesicht des Angeklagten, der auch am zwölften Verhandlungstag nur mit gesenktem Kopf neben seinem Anwalt sitzt und während der gesamten Sitzungsdauer auf den Tisch starrt. Er bleibt regungslos, auch als der Gerichtsmediziner die physischen Folgen der neun Schüsse auf das erste Opfer erläutert, Klara, der 24-jährigen Schwester des Angeklagten Tobias Schaller. Der Mediziner berichtet von Schüssen in Unterkiefer und Zunge, durchs Ohr ins Gehirn, in die rechte Brust, den rechten und linken Arm, den Brustraum. Drei Kopfschüsse und sechs Körperschüsse zählt Dr. Reuter und spricht von einem zentralen Tod, der durch die Halswirbeldurchtrennung sofort eintrete, während das Herz noch gut zwanzig Minuten weiterschlage, obwohl das Gehirn »abgeschaltet« sei und auch die Atmung als Röcheln oder Schnarchen noch weitergehe. Obwohl die Person bereits tot sei, könne eben noch eine Art maschinenartiger Atmung auftreten mit Rasselgeräuschen, sagt er, und diese falsch als Lebensäußerung gedeutete Reaktion eines Toten habe wohl dazu geführt, dass die Täter zurückgekommen seien, um erneut auf den von der Matratze nach hinten auf den Boden gekippten Körper der Schwester zu schießen. »Ein aufgesetzter Schuss«, sagt er, sei das gewesen.

Bei den beiden Töchtern und der Mutter sei der Tod durch Hirnschüsse innerhalb sehr kurzer Zeit eingetreten, während der Vater als Einziger noch längere Zeit gelebt haben könnte. Ihn trafen sieben Schüsse in Gesicht, Hals und Brustkorb, die zum Tod durch innere Blutungen geführt hätten, ein Sterben, das bis zu einer halben Stunde dauern könne. Und es sei durchaus denkbar, dass der Mann, zwar handlungsunfähig, aber in diesem Zustand noch wahrnehmungsfähig, den Tod seiner Frau miterlebt habe.

»Es muss«, sagt der psychiatrische Gutachter, »ein hochgradiges Empathiedefizit bei beiden Angeklagten vorgelegen haben, sonst hätten sie das nicht fertiggebracht. Die tödlichen Schüsse wurden in einer Face-to-face-Situation abgegeben. Die Täter standen ihren Opfern gegenüber und schossen ihnen, gerade den Schwestern, mehrfach ins Gesicht. Das muss man sich szenisch klarmachen, was das für den Täter bedeutet«, sagt er und schüttelt einen Moment lang den Kopf. »Was es für den Täter bedeutet, wenn er sieht, wie das Gesicht eines Opfers explodiert.«

»Woher kommen die Empathiedefizite?«

Da gäbe es unterschiedliche Theorien, doch er glaube, dass beim derzeitigen Stand der Wissenschaft niemand für sich in Anspruch nehmen könne, sicher zu wissen, wodurch schwere Empathiedefizite entstünden. Er gehe davon aus, dass in den meisten Fällen eine Kombination aus frühen Prägungen, gelerntem Verhalten und möglicherweise auch einem biologischen Anteil vorläge.

In einem Brief aus der Untersuchungshaft hatte Jan Reichel fünf Monate nach der Tat an seinen Verteidiger geschrieben: »Ich kann es nicht fassen, unser Leben war wie in einem Film. Erst jetzt habe ich begriffen, dass alle tot sind.«

13 Die Verteidigung von Tobias Schaller hatte alle Hebel in Bewegung gesetzt, um den psychiatrischen Gutachter durch einen gutachterlichen Jugendpsychiater zu ersetzen. Es handele sich um eine jugendspezifische Tat, deren Hintergründe nur ein mit den Facetten einer jugendlichen Psyche vertrauter Psychiater sichtbar machen könne, hatte der Anwalt argumentiert. Das Gericht jedoch ist keinem der Anträge gefolgt.

Einer der bekannten Jugendpsychiater, Gunther Klosinski, Professor für Jugendpsychiatrie, arbeitet eine halbe Autostunde von Ulm entfernt in Tübingen.

Die Altstadt am Fluss sieht noch aus wie zu Hölderlins Zeiten, doch oben am Hügel, hoch über steilen Treppen, liegen die weitläufigen neueren Bauten des Universitätsklinikums.

Im Vorraum der Abteilung Psychiatrie und Psychotherapie im Kindes- und Jugendalter sitzt eine Frau mit drei Kindern. Zwei sind in leiser Unterhaltung, das dritte, ein wohl zehnjähriger Junge, sitzt und starrt an die Wand. Wenn sich jemand nähert, bleibt er reglos, aber kneift die Augen und presst die Lippen zusammen und verharrt in dieser Verkrampfung, bis der Fremde vorbeigegangen ist. Die Mutter ist aus Amerika angereist, um den Professor zu konsultieren. Sie sei zu früh, sie wisse das, aber das Warten hier sei für sie kein Problem, sagt sie und lächelt müde.

Professor Klosinski, ein großer schlanker Mittsechziger, bittet mich in sein Sprechzimmer und serviert Kaffee.

Im weichen süddeutschen Akzent parliert er ein wenig über Kunst, die er nebenbei selbst betreibe, auch weil er mit künstlerischem Schaffen Bedrückendes und Belastendes besser verarbeiten könne. Er hat ein interdisziplinäres Forschungsprojekt über die Wirksamkeit religiöser Familienerziehung in jugendkriminologischer und jugendpsychologischer Perspektive geleitet und zahlreiche Arbeiten über die Schnittstellen von Psychiatrie und Religion und jenen von Psychiatrie und Kunst veröffentlicht. Wir sind mitten in einem interessanten Gespräch über den Einfluss der Großeltern auf die kindliche Entwicklung, als er mit einem Mal abbricht und auf die Uhr schaut. Fünfundvierzig Minuten Sprechzeit sind vorgesehen. »Wir müssen zum Thema kommen«, sagt er.

»Warum töten Jugendliche, Herr Professor Klosinski?«

»Jugendliche Mörder tun es, wenn sie einen Mord als Beziehungstat begehen, meistens aus dem Moment heraus«, sagt er. Es käme also die nicht vorher geplante Tat weit häufiger vor als die geplante. Vorausschauende Überlegungen, wie etwa bei einem Raubüberfall, wenn es darum gehe, jemandem Geld wegzunehmen und denjenigen bei Gegenwehr umzubringen und dann vielleicht die Leiche wegzuschaffen, solche Überlegungen würden eher im Verbund mit anderen angestellt. »In der Gruppe«, sagt der Professor, »bestärkt man sich gegenseitig in dem, was man nur gedacht und phantasiert hat und was man, wenn man alleine wäre, ganz schnell wieder vergisst.« In der Gruppe sei es ein dynamisches Geschehen, und ab zwei sei man eine Gruppe.

»Was kann die Tat auslösen?«

»Ein Konflikt, den wir als Autoritätskonflikt massivster Art bezeichnen können, zwischen einem Jugendlichen und seinem Vater, seiner Mutter oder auch dem Großvater. Ein Konflikt, der sich zuspitzt, wird immer dann besonders kritisch, wenn der betreffende Jugendliche sich ohnmächtig fühlt. Diese Ohnmacht gegenüber einem Tyrannen, dieses Gefühl: Ich bin gar nichts, und nichts von mir wird anerkannt, dieses: Ich fühle mich vernachlässigt und ins Abseits gestellt, während andere bevorzugt werden, dieses Gefühl kann ein Jugendlicher sehr intensiv und sehr schmerzhaft erleben. Aus dieser Gefühlslage heraus kann es geschehen, dass er die Rollen tauscht«, sagt der Professor.

Das Erleben, total zu unterliegen und ausgeliefert zu sein, könne dann dazu führen, dass mit der Tat für einen Moment der Spieß umgedreht wird. »Man selbst wird mit einem Mal allmächtig, und der andere unterliegt. Dann zündet man das Haus an, sticht den andern nieder, beseitigt den Tyrannen. Man nennt das den Prometheuskomplex.« Es seien Empfindungen, die von außen nur zum Teil nachempfunden werden könnten; sie seien sehr subjektiv. Daher könne es sein, dass während eines Prozesses der Hintergrund des Handelns gar nicht aufgeklärt werden könne.

Häufig seien Täter während der Hauptverhandlung ungerührt. »Sie sind darauf aus, dass sie einen guten Prozess haben, wenig Strafe bekommen und dass das Leben für sie weitergeht«, sagt der Professor. »Die Tat, über die sie zuvor so viel nachgedacht haben, ist plötzlich sehr weit weggerückt und hat mit ihnen fast nichts mehr zu tun.« Irgendwie könnten sie es gar nicht mehr hören, was darüber gesprochen werde. Eine Aufklärung der Gründe könne so allenfalls in einer Therapie stattfinden. Und auch nur dann, wenn eine intensive Beziehung zum Therapeuten entstünde.

Er verdiene keine lange Strafe, wird Tobias in seinem Schlusswort sagen, damit wäre niemandem gedient. Er hoffe vielmehr, dass man ihm die Möglichkeit geben werde, ein normales, glückliches Leben zu führen.

Vor dem Fenster durchqueren zwei Männer im Gespräch langsam das Parkgelände in der Wintersonne. Das Licht flimmert auf ihrer weißen Kleidung und franst ihre Silhouetten aus, so dass sie über den schneebedeckten Wegen zu schweben scheinen. Einen Moment lang schaut der Professor hin zu diesen scheinbar schwerelosen Gestalten.

»Kann Hass glücklich machen?«

»Hass kann ein euphorisches Gefühl hervorrufen«, sagt der Professor. »Wenn man was plant und den andern straft und verletzt, kann sich statt des Gefühls der Ohnmacht plötzlich ein Gefühl der Macht einstellen. Und das ist ein narzisstisches Hochgefühl. Ich bin der Mächtige, und es wird jetzt etwas geschehen, von dem kein anderer Mensch was weiß.

In dem Augenblick, wo sich jemand eine Tat vorgenommen hat und sich sagt, ich mach das jetzt, und ich mache das heute um vierzehn Uhr, dann wird er ganz ruhig, und es entsteht in ihm ein Hochgefühl, weil er etwas weiß, von dem die andern ausgeschlossen sind. Das ist eine gewisse Genugtuung. Solche Menschen laben sich an dem Gefühl, dass man ihnen nichts mehr anhaben kann. Sie sind jetzt die Protagonisten. Sie stellen etwas her, von dem die Welt reden wird, sei es bei Suizid oder bei Mord.«

Jetzt ist es gut, hat Jan zu Tobias gesagt, als nach den Schwestern auch die Eltern erschossen waren.

Der Kaffee ist kalt geworden, aber wir greifen beide gleichzeitig zur Tasse. Wir brauchen eine Pause.

Ein Kollege von Klosinski hatte das Böse als Preis menschlicher Freiheit beschrieben. Böses könne man nur zum Verschwinden bringen, wenn man die Freiheit zum Verschwinden brächte. Was ist das Böse?

Es sei entscheidend, sagt der Professor, anzuerkennen, dass das Böse in jedem stecke. Wenn einer der Welt verkünde, er sei ein friedlicher Mensch und tue nur Gutes und nichts Böses, der sei hoch gefährdet. »Wer meint, bei ihm sei nichts Böses, wer das Böse auslagert und tabuisiert, es in andere projiziert, den wird es heimsuchen«, sagt er. »Je mehr ich beispielsweise basale Triebregungen als böse in mir bekämpfe, desto mehr werde ich von ihnen bedrängt werden. Wer im Zölibat lebt und sagt, er habe keine Sexualität«, sagt der Professor, »der wird von ihr überwältigt werden.« Wenn jedoch die sexuelle Triebregung ganz ausbleibe, dann habe man es eigentlich mit gestörten Menschen zu tun.

»Was empfindet ein Individuum als unannehmbar böse und was weniger?«

»Nehmen wir die Lüge«, sagt er. »Hier hat eine Untersuchung gezeigt, dass ein Erwachsener jeden Tag im Schnitt zehnmal lügt.« Da muss der Professor selbst lachen. »Ja, zehnmal«, sagt er, »das Gute und das Böse ist relativ. Eindeutig wird es nur dann, wenn etwas nicht mehr gutzumachen ist.« Er steht auf, die Gesprächszeit ist zu Ende.

Ich gehe hinab in die Stadt, durch die Straßen mit den heraus-
geputzten Fachwerkhäusern, tauche ein in die alltägliche Welt
mit ihren kleinen Rempeleien und Bosheiten, dem freundlichen und fürsorglichen Miteinander und dem verborgenen
Anspruch auf ein glückliches Leben, das ohne großes Zutun
eines Morgens selbstverständlich beginnen wird. Und die Gärten unter der unberührten Schneedecke, dieses frische Gesicht
der Stadt unterm blauen Himmel, diese gedämpfte, weich gewordene Welt ohne Kanten, deren rasender Herzschlag sich ins
Schläfrige beruhigt hat, diese schuldlose Pracht verlockt für
einen kurzen Moment dazu, mich selbst einzureihen ins Makellose. Es sei etwas Wahres daran, hatte Professor Klosinski
gesagt, dass in jedem von uns potentiell ein Heiliger stecke,
genauso wie in jedem auch ein Mörder sich verberge. Er meine
damit, hatte er gesagt, dass wir von unserer Psyche her beein-
flussbar sind und dazu gebracht werden könnten, aggressiv zu
reagieren.

Unten am Platz vor der spätgotischen Stiftskirche, umstan-
den von Fachwerkhäusern, sitzen Studenten mit ihren Laptops
und dampfenden Pappbechern voll Kaffee auf der Kirchen-
treppe im Schnee in der Sonne, und ich setze mich für einen
Moment dazu.

Das Milgram-Experiment hatte gezeigt, wie leicht Menschen
verführbar sind. Man hatte den Teilnehmern eine Handlungs-
vorgabe gemacht und ihnen gesagt, dass, was man ihnen zu tun
befehle, gut und notwendig sei und eine positive Konsequenz
habe. Vor diesem Hintergrund schienen Menschen dann in der
Lage zu sein, Dinge zu tun, die sie davor nie getan hätten.
Schreckliche, qualvolle, zerstörerische Dinge. Wir seien mani-
pulierbar und merkten gar nicht richtig, was da mit uns passiere,

hatte der Professor gesagt. Vieles verlaufe unbewusst. So wüssten nach einer Tat die Menschen oft nicht, warum sie sie begangen haben.

14 Man könne aus dem Prozess-Stoff ein schillersches Drama machen, hatte einer der Journalisten gesagt, über Freundschaft und Treue bis in den Tod. Während ich aus dem Ulmer Landgericht hinüberschaue zum Münster mit seinem schwindelhohen Turm, frage ich mich, was diese Freundschaft aufrechterhielt.

Es sei das Versprechen gewesen, sich nicht zu verraten, sich beizustehen, hatte Jan Reichels Anwalt gesagt. Ein Ideal von Verlässlichkeit, Ehrlichkeit und Treue? Ein Miteinander gegen Unverständnis und Lügenhaftigkeit, gegen die Ungerechtigkeit und Unterdrückung der Welt? Eine Art Western-Freundschaft, in der sich einer für den andern opfert, für ihn tötet, um Rache zu üben an seiner Statt, um ihn zu befreien von Unrecht und unerträglicher Seelenqual?

Bei einer der ersten Vernehmungen hatte Jan Reichel den Beamten gebeten, dass man gut mit Tobias umgehen solle. Er mache sich Sorgen um ihn, und er bat, niemandem zu sagen, dass er geweint habe. Vor allem Tobias solle nicht davon erfahren.

Diese enge Bindung von Jan an Tobias sei nicht zu verstehen, sagt der Verteidiger, wenn man nicht den spezifischen biographischen Hintergrund in Betracht zöge, nämlich Jan Reichels leichte autistische Störung.

Schon frühzeitig beginnt Jan Tobias zu bewundern. Da steht er selbst noch ganz außerhalb von dessen Blickfeld. Aber er, Jan, hat diesen lustigen, selbstbewussten und beliebten Tobias im Blick, der während des Kindergottesdienstes mal eben mit einem Draht den Opferstock öffnet und das Geld einsteckt. Jan steht zu der Zeit bereits im Abseits. Er ist in den ersten beiden Schuljahren so langsam, dass die Mitschüler den Tafeltext schon abgeschrieben haben, ehe er den Stift aus der Tasche gezogen hat. Mit den Jahren überwindet er diese Schwäche und wird ein guter Schüler, der aus der Isolierung und dem Abseits aber nicht herauskommt, sondern von den Mitschülern gemobbt und ausgegrenzt wird. »Wir haben ihn ja nicht in die Mülltonne gestopft«, erklärt ein Klassenkamerad vor Gericht. Jan, der Loser, ohne »dress code« und ohne soziale Kompetenz, einer, der nicht weiß, worauf es ankommt, um von der Gruppe akzeptiert zu werden, von dem sich selbst wohlmeinende Mitschüler fernhalten, um nicht infiziert zu werden von diesem Verlierer.

Und dann kommt, da sind sie beide sechzehn, unerwartet dieser selbstbewusste, eloquente und charmante Tobias auf Jan zu, da kürt dieser »angesagteste Typ« ihn vor aller Augen zu seinem Freund, erlöst ihn aus der jahrelangen Isolation, aus täglicher Kränkung und Demütigung. Und etwas von Tobias' Beliebtheit geht nun auch über auf Jan.

»Der Jan hat eine gewisse Ruhe ausgestrahlt«, sagt eine Klassenkameradin vor Gericht, »er ist eine positive Stütze im Klassenverband gewesen, kameradschaftlich und hilfsbereit.« Er sei, als er im Wirtschaftsgymnasium in Tobias' Klasse kam, angenommen gewesen, und niemand habe ihn mehr gemobbt.

Jan, der ergebene Freund, ist Tobias' Gefolgsmann. Wenn der Freund ruft, ist Jan da, die Freundschaft hat Priorität, nichts steht darüber, nichts ist für Jan Reichel von größerer Wichtigkeit, als mit dem und für den Freund da zu sein.

Sein Sohn, habe Werner Schaller zu einem Freund gesagt, habe in Jan jemanden gefunden, der ganz nach seiner Pfeife tanze. Jan, habe Herr Schaller gesagt, Jan sei der Einzige, sagte der Zeuge aus, mit dem Tobias »den Dackel« habe machen können.

Gleich während der ersten Prozesstage war das Gerücht aufgekommen, bei den beiden Angeklagten handele es sich um ein homosexuelles Liebespaar. Ein Gastwirt hatte das einem Reporter erzählt, und so war es für die Medien ein schöner Aufmacher geworden. »Jeder hätte das sehen können«, hatte der Wirt gesagt, und plötzlich behaupteten einige in Riedberg, es auch gesehen zu haben.

Jan Reichel selbst hatte während einer der polizeilichen Vernehmungen von einem gemeinsamen Mallorca-Urlaub mit der Familie Schaller erzählt, und wie dort im Hotelzimmer Tobias und er die Betten zusammengeschoben und damit den Unmut von Tobias' Vater hervorgerufen hätten. Später hatte der Vater Jans Eltern gegenüber nichts davon erwähnt, vielmehr gesagt, es sei ihm und seiner Frau so sehr recht, wenn Jan mit in den Urlaub führe, denn dann sei Tobias viel weniger kompliziert.

Ob sie in Mallorca intim geworden seien, wollte der Ermittler von Jan wissen. Und da, so die Aussage des Ermittlers vor Gericht, da habe Jan genickt.

Tobias Schaller hatte dem entschieden widersprochen. Während seiner Befragung vor Gericht bezeichnete er es als lächerlich, dass Homosexualität zwischen ihnen bestünde und tatunterstützend gewesen sein solle.

»Jan hat das aus tiefer Freundschaft heraus gemacht«, sagen seine Eltern.

»Warum hat er dann von Liebe gesprochen?«

»Für Jan war es eine ganz tiefe Freundschaft, und«, wird Jans Mutter später sagen, »wo fängt Liebe an, wo hört sie auf?«

»Es scheint also keine sexuelle Komponente gegeben zu haben, in dieser Liebe, die Jan für Tobias empfand?«

Sie seien sich sicher, werden Jans Eltern sagen, dass die beiden kein homosexuelles Verhältnis miteinander hatten. Vielleicht sei es eine Art von sehr schüchternem homoerotischem Miteinander gewesen. Man probiere sich nun mal in diesem Alter aus.

Seine Frau und er, wird Jans Vater später sagen, hätten keine Schwierigkeiten damit gehabt, wenn ihr Sohn ihnen eröffnet hätte, dass er sich zu Männern hingezogen fühle. Weder er noch seine Frau hätte sich dabei etwas gedacht, dass die Jungs einen gemeinsamen Kleiderschrank gehabt und auch Klamotten getauscht hätten. Sie seien in der Familie »unsere Jungs« gewesen, die durch eine besondere und tiefe Freundschaft miteinander verbunden waren.

Und Frau Reichel, die während des Gesprächs am Tisch sitzen wird, wird sich mit einem Mal zum Gast wenden und sagen: »Jan hat die Tat, wie man so sagt, Tobias zuliebe gemacht. Die Gefahr, dass er Tobias verlieren könnte, ist ihm schlimmer erschienen, als Menschen zu töten.«

Verhandlungspause. Am Kaffeeautomaten in der Halle des Landgerichts treffen sich wieder die Prozessbeobachter und auch einige der Prozessbeteiligten. Nur der zweite Anwalt von Jan Reichel, der eigentlich der erste ist und zunächst als Pflichtverteidiger in Erscheinung getreten war, meidet die Runde. Er hatte sich geweigert, aus diesem spektakulären Prozess auszusteigen und sein Mandat an den erfahrenen Strafverteidiger abzugeben, den die Eltern schließlich engagiert hatten. Und so wird er stumm alle Prozesstage hindurch neben seinem Kollegen sitzen, aber schließlich auch ein kurzes, kaum zweiminütiges Plädoyer halten, in dem er auf Anwendung des Jugendstrafgesetzes bei Jan Reichel plädieren wird.

Der Anwalt der Nebenklage, groß breitschultrig, mit dichtem weißem Haar, ist in der Runde der Gesprächigste. Er muss sich nicht zum Vorteil oder Schutz seiner Mandanten taktisch verhalten. Seine Mandantschaft, die Verwandten der Getöteten, wünscht Aufklärung und einen fairen, aber strengen Prozess.

Das Ganze als Freundschaft zu bezeichnen, sagt er jetzt, und sein Haar leuchtet im Schein der Weihnachtsbaum-Beleuchtung wie Engelshaar über der schwarzen Robe, sei eine Perversion des Begriffs der Freundschaft. Beide Angeklagten hätten sich wechselseitig benutzt. Tobias hätte Jan als Erfüllungsgehilfen benutzt und Jan den Tobias als Projektionsfläche seiner Selbstaufwertung.

Schweigen; Kaffeetrinken. Draußen fällt in winzigen Flocken Schnee, und am Münsterturm hängt ein kleiner Nebel.

Er gehe davon aus, sagt der Gutachter, dass es im Leben des Tobias bei all seiner sozialen Kompetenz ein Einsamkeitsthema gegeben habe. »Ich glaube schon, sagt er, »dass Tobias im Innern seines Herzens ein einsamer Mensch war und dass möglicherweise diese Einsamkeit Grundbedingung dafür war, dass der einsame Tobias den einsamen Jan sich als Freund ausgesucht hat, dass also die Einsamkeit beider eine wesentliche Bedingung für die Exklusivität dieser Freundschaft darstellte.«

Er glaube, widerspricht der Reporter, der in seinen Prozess-
berichten immer wieder durchblicken lässt, wie wenig er von
dem Gutachter hält, er glaube, sagt er, dass für Tobias Schaller,
die Freundschaft mit Jan Reichel keinen Stellenwert gehabt
habe. Tobias habe jemanden gebraucht, der ihm aus der Hand
frisst und alles mitmacht.

Tobias Schallers Anwalt steht mit dem Kaffeebecher in der
Hand, und dieser leicht ironische Ausdruck, den er während
der Verhandlung oft zeigt, scheint wie eingebrannt, doch er
schweigt und trinkt in kleinen Schlucken Kaffee.

»Wenn man davon ausgeht«, sagt Jans Verteidiger, »dass Jan
alleine geschossen hat, dass wir hier einen Mörder haben, der
persönlich überhaupt keinen Grund hatte, diese Opfer zu töten,
denn die Schallers hatten Jan ja nichts getan, wenn es so gewesen sein sollte, dass Jan der einzige Schütze war, dann drängt
sich die Frage auf, inwieweit Jan von Tobias manipuliert worden ist, als Vollstrecker einer Tat, die Tobias gewollt hat, aber
selbst nicht so hinbekommen hätte.«

»Warum hätte er das nicht selbst hinbekommen?«

»An psychiatrischen Maßstäben gemessen«, sagt jetzt der
Gutachter, »ist Jan der Gestörtere der beiden. Von daher hat es
eine innere Logik, dass der Gestörtere diese schreckliche gestörte Handlung vollzieht, die Tobias, der sich aus psychiatri-
scher Sicht als der weniger Gestörte darstellt, alleine nicht hinbekommen hätte.«

15 Es ist ein sonniger Wintertag. Männer stehen vor Schnellrestaurants an hohen Tischen, Frauen sitzen auf Bänken in der Grünanlage, und durch die im Sonnenlicht liegende kleine Straße der Ulmer Altstadt kommt das Ehepaar Reichel. Niemand sieht, aus welchem Höllenkreis sie am Ende eines Prozesstages ins Licht getreten sind.

Es sei geplant gewesen, hatte Tobias Schaller einem Sozialarbeiter in der Haft erzählt, auch Jans Eltern zu erschießen. Ich spreche die Reichels darauf an, und die Mutter sagt, das glaube sie nicht, und was auch immer käme, sie hielten zu Jan. »Er hat ja nur uns«, sagt sie, und »er ist doch mein Kind.«

Die Staatsanwältin hatte in ihrer Anklageschrift festgestellt, dass die Angeklagten das Ehepaar Reichel nur deshalb nicht erschossen haben, weil das den Verdacht auf sie gelenkt hätte. Jeweils die Söhne als Überlebende, das wäre verdächtig erschienen.

Das Ehepaar Reichel hat sich überraschend auf ein Gespräch eingelassen und zu sich nach Hause eingeladen, nach Riedberg in ihr modernes, helles Haus, umgeben von einem großen Garten.

»Sehen Sie die hohe Kiefer dort«, sagt Frau Reichel und deutet hinaus. »Ich hab zu dem Baum eine besondere Beziehung, er wurde gepflanzt, als ich geboren wurde.«

»Wenn Sie an Jan denken, was sehen Sie da?«

»Jan war von klein auf ängstlich, und wir waren immer bemüht, ihn zu fördern. Er sollte lernen, sich was zuzutrauen«.

Sie schaut hinüber zu dem Baum, schaut aus runden blauen Augen eine Zeitlang schweigend hinaus. »Und eines Tages sag ich, komm Jan, probier mal, auf den Baum zu steigen. Es ist ein besonderer Baum, und wer da hinaufsteigt, wird stark.« Und so habe sie begonnen, mit ihrem Sohn das Klettern zu üben, und irgendwann sei er fast ganz oben gestanden. »Und dieses Bild«, sagt sie, »von dem glückstrahlenden Jan, das hab ich immer vor Augen, wenn ich an ihn denke.« Sie steht auf und bringt Tee und Gebäck. »Was uns als Eltern so schwer zurückbleibt neben der ganz schlimmen Tat«, sagt sie, »ist, dass unser Sohn auf einen Weg gekommen ist, von dem wir nichts gewusst haben und den wir nicht verhindern konnten.«

»Jan hat es auch selbst so erkannt«, sagt Herr Reichel. »Er hat uns in den ersten Tagen der Untersuchungshaft gesagt, wir sollten seinem jüngeren Bruder sagen, er solle immer mit uns reden. Das war seine allererste Botschaft. Er hat es als Fehler erkannt, dass er sich nicht an uns gewendet hat.«

Sie seien ja völlig ahnungslos gewesen, sagt seine Frau, über das verborgene Leben der beiden Jungs. »Wenn wir es auch nur hätten ahnen können, hätten wir alles versucht, ihm eine Brücke zu bauen, die herausführt aus dieser schrecklichen Parallelwelt.«

»Hätte mehr Kontrolle die Tat verhindern können?«

»Man kann einen Jugendlichen nicht zu hundert Prozent kontrollieren«, sagt Herr Reichel. Mit so einer Kontrolle treibe man ihn nur stärker in eine verdeckte Haltung. »Zur Identitätsfindung aber braucht es die Abgrenzung«, sagt er. »Kontrolle ist dabei eine schlechte Maßnahme, erzieherisch gesehen.«

»Wenn man im Nachhinein sieht, auf welchen Irrweg das eigene Kind geraten ist, wenn man erkennt, dass man es vor nichts bewahren konnte, das tut sehr weh«, sagt Frau Reichel. Sie hat den Satz im Verlauf der vergangenen Monate schon so oft gesagt, dass sich die Emotionalität darin ganz aufgelöst hat.

»Hier am Tisch sind wir gesessen«, sagt sie, »der Tobias saß hier«, und sie deutet auf den Stuhl neben dem Gast, »das war nach dem 11. März, also nach dem Amoklauf in Winnenden, und da hab ich noch mal nachgehakt und gefragt: Hat man denn die Waffen, die aus dem Schützenverein gestohlen wurden, hat man die denn jetzt gefunden?« Nein, habe der Tobias gesagt. »Dann, sag ich, kann hier in Riedberg ja was Ähnliches passieren. Und da sagt er, nein, die Waffen seien nicht gefährlich, und er habe zwei Verdächtige, von denen er meint, dass sie was damit zu tun haben.« Tobias habe den Verdacht auf einen Polizisten und einen Mann vom Schlüsseldienst gelenkt.

»Wir haben Tobias wie einen Sohn betrachtet«, sagt Frau Reichel. »Wenn er kam, hab ich mich immer gefreut. Er hat mich gleich herzlich in den Arm genommen, gefragt, wie es mir geht, war höflich, freundlich und zuvorkommend. Er hatte eine sehr positive Ausstrahlung, war charmant und gewandt in der Unterhaltung, was für dieses Alter ja nicht gerade üblich ist.« Tobias sei tonangebend in dieser Beziehung gewesen; wenn er rief, habe Jan alles liegen- und stehengelassen und sei zu ihm gerannt.

»Jan ist durch diese Freundschaft sehr viel selbstbewusster geworden«, sagt sie, und ihr Mann nickt, »ja, wir sind der Meinung gewesen, dass Tobias dem Jan guttut und dass so eine innige Freundschaft ein großes Glück ist.«

Tobias sei aus einem guten Elternhaus gekommen, sagen die Reichels. Ihr Kontakt mit den Schallers sei gut gewesen. Ein paarmal hätten sie Werner und Karin Schaller eingeladen und immer nette Gespräche geführt. Vor allem Karin sei eine ganz herzliche Frau gewesen.

»Ich weiß«, sagt Frau Reichel, »wie liebevoll sie mit Tobias umgegangen ist, er hat eine bevorzugte Position bei seiner Mutter gehabt.«

»Wir haben es zwar bemängelt, dass Jan auf alle Ideen von Tobias sofort eingegangen ist«, sagt Herr Reichel, aber Jan habe ihm gesagt, das sei für ihn in Ordnung, und so hätten sie mehr und mehr den Eindruck gewonnen, dass Tobias und Jan sich gut ergänzen. Und dann sagen beide fast gleichzeitig: »Wir sind bis zuletzt getäuscht worden. Alle sind getäuscht worden.«

»Wie erinnern Sie beide den Karfreitag?«

Frau Reichel erzählt, wie morgens gegen halb zehn ein Anruf kam, den der jüngere, zwölfjährige Sohn entgegengenommen, aber nicht verstanden und aufgelegt habe, und wie kurz darauf nochmals das Telefon ging und ein Mann sehr aufgeregt sagte, sie sollte sofort in die Bogenstraße kommen. Und wie sie Jan dort vorfand und den schreienden Tobias und wie sie die beiden schließlich ins Auto gepackt und sich so hilflos gefühlt habe, dass ihr nicht mal ein Gebet eingefallen sei. Aber gewundert habe sie sich doch, dass die beiden keine Nähe gesucht hätten, dass Jan kein einziges tröstendes Wort zu Tobias gesagt habe, und höchst seltsam sei ihr vorgekommen, dass noch im Auto, während der zehnminütigen Fahrt in die Kreisstadt zur Vernehmung durch die Kripo, Tobias sich mit einem Mal beklagt habe, dass er kein eigenes Auto bekäme.

Fünf Stunden saß Frau Reichel im Flur der Kriminalpolizei vor der Tür, hinter der die Vernehmung ihres Sohnes stattfand, saß da in wachsender Angst.

»Nach einiger Zeit spürte ich, wie sich die Atmosphäre verändert hat, und schließlich sagte ein Beamter zu mir: ›Jan weiß etwas, aber er sagt es nicht.‹« Und dann sei die Spurensicherung mit dem Ergebnis gekommen, dass man Schmauchspuren bei Jan gefunden habe.

Frau Reichel legt die Hände auf den Tisch, als müsse sie sich stützen. »Da ist mir ganz elend geworden. Ich spürte, ich kann hier gar nichts mehr helfen.«

Spätabends dann stand die Polizei bei Familie Reichel vor der Tür. Sie brachten Jan in Handschellen mit. Es sei, sagt Frau Reichel, ein Vorführen vor der Familie gewesen, um den Jan weichzukochen. »Er hat sich noch eine Zahnbürste geholt, und sie haben ihn wieder mitgenommen. Wir wussten rein gar nichts«, sagt sie, niemand habe ihnen einen Grund für die Festnahme genannt. »Und am nächsten Tag, irgendwann am Nachmittag, hat der Richter Beiersdorf angerufen: er müsse einen Haftbefehl erteilen.«

»Warum, glauben Sie, hat Jan die Tat begangen?«

»Jan hat das aus tiefer Freundschaft heraus gemacht. Für Jan war es eine ganz tiefe Freundschaft.« Und da fängt sie, die so beherrscht und ruhig erschien, plötzlich an zu weinen. »Dass er sich nicht hinstellte und nein gesagt hat – dass er nicht nein sagen konnte – das ist furchtbar.«

16 An einem der letzten Verhandlungstage betritt ein Mann im dicken Skipullover den großen Saal des Landgerichts Ulm. Er ist Hüttenwirt eines Naturfreundehauses in den Allgäuer Alpen. An einem Februartag war die Familie Schaller nach einem langen Marsch durch den Schnee bei ihm in der Hütte angekommen. »Es muss gegen 20 Uhr gewesen sein, dass sie komplett durchnässt bei der Hütte angekommen sind, die Eltern, die Töchter, der Sohn und der Freund einer der Töchter.« Sie hätten sich verlaufen, habe der Vater gesagt, obwohl er die Wege ja seit Jahren ging und sehr gut kannte. Durch einen Irrtum hatten sie mehr als zwei Stunden durch kniehohen Schnee gemusst.

Später hatte Werner Schaller einem Freund gestanden, dass er einen verhängnisvollen Fehler gemacht und den falschen Weg gewählt habe. Er habe große Angst gehabt um seine Familie, und er habe alle buchstäblich den Berg hinaufpeitschen müssen, damit sie nicht aufgeben.

Tobias, daran könne sich der Wirt noch erinnern, obwohl die Wanderung ja schon mehr als anderthalb Jahre zurückliege, Tobias sei sauer gewesen auf seinen Vater. Und obwohl alle versucht hätten, ihn zu beruhigen und ihn dazu zu bringen, sich mit ihnen an den Tisch zu setzen, habe sich Tobias verweigert und sei aufs Zimmer gegangen. »Der war so verbissen«, sagt der Wirt vor Gericht. »Da war nix zu machen.«

Wie gut der Wirt die Schallers kannte, will die Staatsanwältin wissen.

Werner Schaller sei mindestens einmal im Monat zur Hütte gewandert, sei abends hochgekommen und morgens wieder hinabgegangen und habe ihm, dem Wirt gesagt, das sei eine gute Möglichkeit, sich von Stress zu befreien. Einmal habe Werner Schaller ihm gegenüber auch erwähnt, dass der Tobias in einer schwierigen Phase stecke, durch die er hoffentlich bald durch sei. Er selbst, sagt der Wirt, habe Tobias bis auf diesen Abend immer als netten, hilfsbereiten Menschen erlebt.

Kurz vor Abschluss der Beweisaufnahme präsentieren die Ermittler dem Gericht ein Video, das sie auf dem gelöschten und von den Angeklagten in den Fluss geworfenen PC wiederherstellen hatten können. Es sind Bilder jener Schneewanderung, die Tobias nach seiner Aussage den Entschluss fassen ließ, seine Familie auszulöschen.

In dem kaum dreiminütigen Film steigt die Familie Schaller einen Schneeweg hinauf, die beiden Töchter schauen lachend in die Kamera, Tobias wirft einen Schneeball, die Mutter winkt in die Kamera und an der Spitze der Wandergruppe der Vater, der sich umdreht und lächelt. Dann sieht man die Familie in der Hütte, fröhlich und mit rotglühenden Gesichtern, und auch Tobias kommt ins Bild und macht lustige Faxen.

Später sei es noch ein richtig gemütlicher Hüttenabend geworden, hatte der Wirt vor Gericht ausgesagt, die Familie hätte gesungen und Spiele gespielt.

Das letzte Wort haben die Angeklagten. Nach den Plädoyers von Staatsanwalt und Verteidigern sollen die Angeklagten die Möglichkeit bekommen, etwas zu äußern, das für die Prozessbeteiligten nicht mehr zur Diskussion stehen wird.

Er habe, liest Tobias Schaller vor, viele Menschen enttäuscht und stark verletzt, »das ist schmerzhaft für mich«, sagt er, doch rückwirkend brächte das nichts mehr. »Ich muss sagen, dass es mir leid tut, so viele Leben geändert, verändert und Eingriff darauf genommen zu haben.« Keine Regung, kein Schwanken in der Stimme, es ist wie die Verlautbarung eines Pressesprechers.

Und Jan Reichel, kaum zu verstehen, so leise spricht er: »Ich hab nach dieser schrecklichen Tat lange gebraucht, einzusehen, dass das mit Tobias schlecht war.« Und stockend stößt er hervor, dass es schrecklich sei, die ganze Familie umgebracht zu haben. »Ich kann nur versuchen, in Zukunft ein anderer und besserer Mensch zu sein. Ich sehe ein, dass ich Hilfe dazu in Anspruch nehmen muss.«

17 Am 20. Prozesstag spricht der Vorsitzende Richter das Urteil.

»Zu dem Ungewöhnlichen dieses Verfahrens«, hatte der Gutachter vor Beginn des Urteilsspruches gesagt, »gehört für mich ein Bauchgefühl, dass dieser Gerichtsprozess nur Verlierer hinterlassen wird.« Zu den Verlierern dieses Prozesses zählt womöglich der psychiatrische Gutachter selbst. Ihm war es nicht gelungen, tief hinab in die Geheimnisse der Seelen seiner Exploranden zu leuchten. Möglich ist auch, dass zum Misslingen das Konzept der Verteidigung beigetragen hat. Sie hatte ihren Mandanten zunächst aufgetragen, bei den Explorationen zu schweigen, um auf diese Weise einen Jugendpsychiater als Gutachter durchsetzen zu können, anstelle des gerichtlich bestimmten Erwachsenenpsychiaters. Dieses kurzsichtige Taktieren hatte die Prozessbeobachter aufgebracht.

»Und dann plötzlich sollen die Angeklagten doch mit dem Erwachsenengutachter sprechen«, wird die Gerichtsreporterin später sagen. »Gerade in den Augen von solchen Jugendlichen, die den Eindruck haben, in der Erwachsenenwelt sei alles nur zweckorientiert und Taktik, geht das natürlich voll daneben. Und vielleicht hat das dazu beigetragen, dass das Gespräch zwischen dem Erwachsenenpsychiater und den beiden Angeklagten so ungeheuer schwierig gewesen ist und letztlich ergebnislos.«

Wegen zweifachen Doppelmordes und Diebstahls von Waffen werden beide Angeklagten schuldig gesprochen. Zehn Jahre Jugendstrafe für Jan Reichel, lebenslange Freiheitsstrafe für Tobias Schaller bei besonderer Schwere der Schuld, mit vorbehaltener Sicherungsverwahrung. Als Tatmotiv sieht das Gericht Habgier an und folgt damit dem Antrag der Staatsanwaltschaft.

Der Vorsitzende Richter beschreibt die Stunden vor der Tat, in denen die Angeklagten sich ganz normal verhalten hätten. Tobias Schaller geht ins Sportstudio und hilft dann seiner Mutter im Garten. Jan Reichel wechselt am Auto seiner Großmutter die Winterreifen und geht für sie einkaufen. Irgendwann im Laufe des Tages bringt er eine Tasche mit Waffen und Kleidung ins Haus der Schallers in die Bogenstraße. Das Erddepot ist ausgehoben, das Zimmer aufgeräumt, und die Notizen sind weggeschafft. Gegen 19 Uhr lässt sich Tobias vom Vater zu Jan fahren und isst dort mit dessen Familie ein zweites Mal zu Abend. Gegen 21 Uhr verlassen die Freunde das Haus und treffen eine Viertelstunde später in Tobias' Elternhaus ein. Gegen 21.30 Uhr erschießen sie die Schwestern, kurz nach Mitternacht die Eltern.

Es sei der Kammer, so der Vorsitzende Richter, nur bis zu einem bestimmten Punkt gelungen, Licht ins Dunkel zu bringen. In neunzehn Verhandlungstagen mit sechzig Zeugenvernehmungen sei nicht abschließend zu klären gewesen, weshalb die Familie Schaller habe sterben müssen. Das Motiv, sagt der Vorsitzende Richter, läge nicht im Hass auf einen »angeblich despotischen und tyrannischen Vater«, so wie die Angeklagten immer behauptet hätten. Für Hass habe die Kammer keine ausreichenden Anhaltspunkte gefunden. Habgier als Hauptmotiv werde hingegen von verschiedenen Indizien gestützt.

Tobias Schaller habe vor der Tat auf einer Liste notiert, was nach dem Tod der gesamten Familie vordringlich zu erledigen sei. Wichtigste Punkte waren demnach die Abklärung der genauen Vermögensverhältnisse sowie die Erfüllung verschiedener Wünsche. Ob Habgier auch für Jan Reichel das zentrale Motiv war oder ob er mit der Tötung der Familie seinem Freund einen »Gefallen« habe tun wollen, habe die Kammer nicht sicher abgrenzen können.

»Sie beide haben eine schwere Schuld auf sich geladen«, wendet sich der Vorsitzende Richter abschließend an die Angeklagten. »Sie müssen die Folgen Ihres Handelns tragen, der Zerstörung von Menschen, dem Erschrecken einer ganzen Region.« Indem sich die beiden Verurteilten einer Therapie unterzögen, könnten sie für sich selbst und für die Gesellschaft etwas tun. »Sie können, müssen und sollen an Ihren Persönlichkeitsdefiziten arbeiten«, sagt der Vorsitzende Richter am Ende der Urteilsbegründung. Das Gericht erhebt sich und verlässt den Saal.

Nach sechs Monaten Verhandlungszeit ist der Prozess zu Ende. Die Angeklagten werden abgeführt. Tobias Schaller nickt dem Ehepaar Reichel zu, das wie angewurzelt auf den immer gleichen Plätzen sitzt. Er schaut nicht zu den Verwandten, sondern durch die hohen Fenster des Saales hinaus, auf die sonnenbeschienenen Dächer der Stadt, hin zu den Hügeln von Ulm, dorthin, wo das freie Leben ist.

Jan Reichel wendet sich an die Verwandten des ermordeten

Werner Schaller und sagt so leise, dass es kaum zu hören ist: »Es tut mir leid.«

Tobias Schallers Verteidiger wird das Urteil anfechten. Er will das Jugendstrafrecht auf seinen Mandanten angewandt wissen und eine erneute Begutachtung durch einen Jugendpsychiater veranlassen. Wenige Tage später reicht er Revision ein.

Vor dem Verhandlungssaal stehen einige der Prozessbeobachter bei einem letzten Austausch. Habgier als Tatmotiv überzeugt niemanden in der Runde. »Diese Tat ist nicht so an der Oberfläche, da ist irgendwas im Untergrund, ganz tief unten«, sagt die Gerichtsreporterin. Aber das ganze Strafrecht sei nun mal ein Korsett, in das man das menschliche Fehlverhalten reinstecken müsse, damit man damit umgehen könne.

Es sei ja klar gewesen, sagt ihr Kollege, dass die Kammer wegen Mordes habe verurteilen wollen. Dazu habe sie ein Mordmotiv gebraucht, einen niederen Beweggrund, und Habgier sei eben so ein niederes Motiv.

»Für diese Tat gibt's eigentlich kein Mordmotiv«, sagt der Reporter, »das auch nur ansatzweise die Tat erklärt. Habgier schwimmt da ganz oben, hat aber gar nix zu bedeuten.«

»Wenn Sie Habgier als Teil ansehen von ›ich schau nach meinem Vorteil‹, sagt sein Kollege, ›ich hol mir, was ich brauche, ich gehe meinen Weg‹, wenn Sie da die Habgier als eine Komponente sehen, dann nehme ich an, dass sie in die Motivlage mit reingehört. Aber ich denke auch, dass sie kein primäres Motiv ist.«

»Das reine Motiv gibt es wahrscheinlich nie. Menschen sind komplexe Wesen«, sagt der Anwalt der Nebenklage. »Aber wenn ich den Prozess Revue passieren lasse, wundert mich, dass ein so simples Motiv wie Habgier so oft in Frage gestellt wird.« Es könne nicht sein, dass ein junger Mensch aus Habgier seine Familie umbringt, dieses Argument habe er im letzten halben Jahr häufiger gelesen. »Aber es ist nun mal hier geschehen, und wenn wir in die Geschichte gucken, dann ist Familienmord gar nicht so selten aus diesem Motiv heraus begangen worden. Er geschah immer dort, wo es was zu verteilen gab, nämlich Macht, Geld und Einfluss.« Nun könne man natürlich sagen, es sei ein Unterschied zwischen einem jungen Mann aus einem Herrscherhaus, der seine Geschwister umbringt, damit sie ihn in seiner Thronfolge nicht gefährden, und einem Neunzehnjährigen aus einer Kleinstadt, der, wenn er seine Familie auslöscht, ja nicht König von Württemberg werde, sondern allenfalls ein junger Millionär. Doch dieses Bedürfnis nach Dominanz und Geld, das stärker sei als menschliche Regungen gegenüber Geschwistern und Eltern, das ziehe sich bis heute deutlich durch alle Gesellschaftsschichten.

»Die Frage ist doch, ob wir als Gesellschaft insgesamt noch klar genug hinter dem Minimum an Regeln stehen, damit die Gesellschaft funktioniert«, sagt der Journalist der Regionalzeitung, »ob wir als Eltern und Kulturschaffende tatsächlich entschieden für ein Minimum an Regeln und Werten einstehen. Da hab ich eher meine Zweifel.«

Und was wäre die Minimalforderung?

»Der andere hat das gleiche Recht auf Leben wie ich«, sagt er, »deshalb geht es um Rücksichtnahme, um Fairness, um Toleranz, nicht im Sinne von Beliebigkeit, sondern im Sinne von mit Unterschieden bewusst umzugehen. Es geht um den großen Respekt vor dem Leben und seiner Endlichkeit.«

Einige der Prozessbeobachter greifen jetzt zu ihren Handys oder verziehen sich mit Laptops in die breiten Flure, die von dem säulengetragenen Vorraum vor Saal 101 abgehen. Jan Reichels Anwalt, der zur Urteilsverkündung einen Schlips angelegt hat, lockert den Knoten und beantwortet noch einmal Fragen. »Die Aufgabe, Jan Reichel zu resozialisieren«, sagt er, »ihn zu einem guten Mitglied der Gesellschaft zu machen, wird nicht einfach sein.« Aber, sagt er, er wolle ihn gemeinsam mit seinen Eltern die Haftzeit hindurch begleiten. »In der Beziehung hat der psychiatrische Gutachter recht, sagt er, »die Prognose kann sehr schlecht sein, wenn Jan so empathiearm bleibt.«

»Ja dann: Gott schütze uns«, sagt die Gerichtsreporterin. Bei Tobias sieht sie die Entwicklungsmöglichkeit breiter. »Der kann ganz schlimm enden, aber der könnte es auch schaffen, wenn er in die richtigen Hände kommt. Aber wer ist schon jemals in der Justizvollzugsanstalt mit mindestens 20 Jahren in die richtigen Hände gekommen?«, sagt sie. »Ich habe nur Menschen erlebt, die völlig kaputt waren, wenn die rausgekommen sind, die waren leer, verbrannt; sie waren nichts mehr.«

Hass oder Habgier? Oder das Lästige, wie die Staatsanwältin formulierte, das Lästige, das beseitigt werden sollte, weg damit und bis an die Grenze gehen, »5, 1, 4, 2, Werner, Karin, Klara, Marlene« wie auf dem Wunschzettel notiert ist. Und: »Kopf, Oberkörper« und dann kryptisch: »schwimmen lernen«, so, als wolle man das große weite Meer der neuen Möglichkeiten für sich erobern?

»Erst in zwei, drei Jahren«, sagt der psychiatrische Gutachter und knöpft seinen Mantel zu, »erst wenn die Notwendigkeit, im Hinblick auf einen Gerichtsprozess zu taktieren, weggefallen ist, erst dann wird man in die Köpfe der Täter schauen können.

»Es ist das eine gewisse Hoffnung, die ich habe«, sagt er, »dass es gelingen wird, Licht in dieses schreckliche Dunkel zu bringen.«

Der wahre Grund unseres Handelns, sagen die Sozialpsychologen, bleibe im Verborgenen, bleibe im Dunkel unseres Selbst gefangen, lasse uns ahnungslos über das, was uns zum Handeln treibt. Und weil das Unerklärte unerträglich ist, greifen wir nach Plausibilitäten.

Das Gericht hat eine weitgehend plausible Erklärung gefunden, sie mit Fakten belegt und nachvollziehbar gemacht. Mehr kann man nicht erwarten.

Tobias Schaller ist in einem Parallelverfahren für erbunwürdig erklärt worden. Das Erbe des elterlichen Vermögens darf der Sohn nicht antreten. Ein Mörder kann sein Opfer nicht beerben. Das Vermögen der Familie Schaller, annähernd eine Million Euro, ist den Geschwistern der Eltern zugefallen. Eine andere Erbschaft ist Tobias Schaller bisher nicht abgesprochen worden: Vor Gericht hatte die Witwe seines Patenonkels ausgesagt und erklärt, ihr erst vor kurzem verstorbener Mann habe Tobias als Nachfolger seines mittelständischen Betriebs vorgesehen gehabt. Tobias sollte einmal alles erben, den Betrieb und große Teile des Vermögens. Allerdings habe man von dem Vorhaben weder zu den Eltern noch zum Sohn gesprochen.

Sieben Monate nach dem Urteil des Landgerichts Ulm verwirft der Bundesgerichtshof in Karlsruhe die Revision und erklärt das Urteil für rechtskräftig.

18 Ich bin noch einmal nach Riedberg gefahren, die Kleinstadt mit den vier Kirchen und dem großen Rathaus, gehe noch einmal den Weg vom Bahnhof über den schmalen rauschenden Fluss hin zum Friedhof. Die frisch gemähten Grasstreifen zwischen den Gräbern und die Gräber selbst, mit ihren genormten steinernen Einfassungen und dem tadellosen Blumenschmuck liegen in der Maisonne, und ich denke, dass diese über den Tod hinaus gehaltene Ordnung ihren Preis hat, nicht nur jenen der Stiefmütterchen, Margeriten und Vergissmeinnicht, sondern auch jenen des Verzichts auf die Verwirklichung persönlicher Wünsche. Nichts soll den festgelegten Rahmen sprengen, nichts soll die klaren Vorgaben trüben, die zu einem geordneten Leben führen und bis über den Tod hinaus gelten. Vorgaben, wie sie der neue Bürgermeister für seine Kandidatur formuliert hat und womit er schließlich auch die Wahl gewonnen hat: Die Schneebeseitigung, hatte er angekündigt, soll verbessert werden und die Bürgeraktion »Bahnhofsputz« so bald wie möglich stattfinden.

Etwas Verführerisches geht von dieser geordneten Welt hier aus. Sie suggeriert, dass sich auch unsere eigene Lebensunordnung durch ein bisschen mehr gemeinsam geschaffene öffentliche Sauberkeit und etwas verbesserte Organisation in ein klar gefügtes System verwandeln lässt, das unseren Wunsch nach einem guten Leben unterstützt.

Und ich gehe den breiten Friedhofsweg entlang, vorbei an

einer Frau, die Unkraut aus einem Grab rupft, während eine andere zur Gießkanne greift, und verharre einen Moment lang vor dem Grab neben der Kapelle.

Eine kleine Figurengruppe ist dort aufgestellt worden, auf diesem kleinen Grab für vier: sechs fingergroße Engelchen, ein hellblauer Schmetterling, zwei cremefarbene Herzen. Und hinter rosafarbenen Begonien und einem Zwergahorn steckt ein Holzkreuz mit den Namen Werner, Karin, Klara, Marlene. 1951, 1953, 1984, 1987.

Hätte er nur den Vater umgebracht, hatte der Anwalt der Nebenklage gesagt, könnte man vermuten, es sei der Versuch gewesen, sich von der väterlichen Dominanz zu befreien, unter der er angeblich gelitten hat. Aber warum mussten die Schwestern sterben und die Mutter? Tobias Schaller hatte nicht behauptet, die Schwestern hätten ihn unterdrückt oder gequält. Beide Schwestern waren, wie der Bruder sagte, schöne junge Frauen. Wunderschön, hatte er gesagt, und er hatte die Ältere als gutmütige Frau beschrieben, die gern Geschenke machte, während die Jüngere spielerischer gewesen sei. Er habe seine Schwestern gemocht und die Mutter geliebt, hatte er gesagt.

Und ich gehe hinaus, an der Stadthalle vorbei, in der eine Bürgerinitiative vor kurzem versucht hatte, mit Vorträgen und einem Theaterstück den Vorhang über das Drama »Vierfachmord« fallen zu lassen und so die Riedberger, von Angst und Ratlosigkeit befreit, in ihre alltägliche Welt zu entlassen.

»Wir müssen fit bleiben«, hatte das Ehepaar Reichel nach dem Gespräch gesagt, während es in der Haustür stand, hinter der alles sauber und ordentlich war. »Wir müssen fit bleiben, denn wir haben noch eine Aufgabe zu erfüllen.«

Fragt man, wie die Stimmung sei in der Stadt, nach dem Urteil, kommt die Antwort prompt: Ach, das ist Geschichte, das ist jetzt vorbei. Pfarrer Straub sieht das anders. »Das ist nicht Geschichte«, sagt er. Und während die Glocken läuten und von draußen Kinderstimmen ins Pfarrhaus dringen, spricht der Pfarrer Straub in seiner sorgsam die Worte setzenden Art. »Du kannst es nicht vergessen, diesen Abgrund, der da sichtbar geworden ist. Aber du kannst auch nicht leben, wenn du immer am Abgrund stehst und reinguckst. Du musst zur Kenntnis nehmen, dass es diese Abgründe gibt. Sie können aufbrechen, doch du weißt nicht, wann und wo, und du musst trotzdem so leben, als ob morgen und übermorgen kein Abgrund aufbricht, sondern das Leben gut weitergeht.«

Jagdszenen

Jetzt im Herbst scheint das Schlimmste vorbei. Zur Mittagszeit am Brunnen zu sitzen, den das Dorf fürs Dorf gebaut hat, beim sanften Plätschern in der Wärme der Herbstsonne zu sitzen, die das gelbrote Laub des Ahorns in Flammen gesetzt hat, das ist wie hingeträumt in eine friedliche Zeit. Die Spatzen im Ahorn tschilpen, eine Katze schiebt sich unterm Hoftor hervor, irgendwo bellt ein Hund, Schwalben schießen durchs geöffnete Fenster in den dämmrigen Stall, aus dem von Zeit zu Zeit ein vereinzeltes Muhen dringt, wie ein langgezogener Seufzer.

Es ist still geworden im Dorf. Keiner tritt mehr aus dem Haus und schreit in ein Mikrophon. Die Menschen sind verschwunden, als wären sie erschöpft, die Bewohner von Weißbach. Als brauchten sie eine Pause. Das Schlimmste scheint vorbei. Einer liegt auf dem Friedhof, der andere sitzt im Gefängnis.

»Der, der sich das Leben genommen hat«, sagt der Bürgermeister aus der Kreisstadt, der seit der Gebietsreform auch für das Dorf zuständig ist, »der Tote gilt drüben immer noch als Märtyrer, als einer, der unschuldig in den Tod getrieben worden ist.«

»Im Dorf heißt es«, sagt der Bürgermeister, »»wenn ihr's Maul gehalten hättet, wär der ganze Schlamassel nicht passiert.‹ Wenn also die Opfer geschwiegen hätten, dann wäre der Großbauer heute noch am Leben.«

Und er spricht davon, wie gut die Dorfgemeinschaft funktioniert habe in Weißbach. Jahrzehntelang ein Vorbild an Dorfgemeinschaftsgeist, sagt er, sei Weißbach gewesen. Und neunzehn Jahre lang hätten die Bewohner dort das schönste Dorffest weit und breit miteinander gefeiert, keiner habe gefehlt, alle hätten mitgeholfen.

»Opfer und Täter«, sagt er, »die waren zusammen hinter einem Stand gestanden und haben Bier und Leberkäs verkauft, also man hat äußerlich nichts gemerkt, gar nichts.« Und sein Stellvertreter nickt: »Die Dorfgemeinschaft war vorbildlich, weil alle mitgemacht haben, und ich hab immer gesagt, das ist das schönste Fest im ganzen Gemeindebereich, und den Brunnen hat das Dorf aus dem Erlös der Feste finanziert. Also, sie haben ein Dorffest gemacht, ganz ohne Eigennutz.«

Es sei, sagt der Bürgermeister, bei diesen Festen natürlich auch darum gegangen, sich gut nach außen hin zu zeigen. »Die Weißbacher waren stolz auf ihr Dorf. Sie wollten es als das schöne, friedliche und erfolgreiche Dorf präsentieren, in dem sich jeder wohl fühlt.«

»Und zwanzig Jahre lang ist das gutgegangen«, sagt sein Stellvertreter, »und heuer wär's das zwanzigste Fest gewesen, das wir etwas größer aufziehen wollten, und dann ist im Vorfeld die Bombe geplatzt.« Und der Bürgermeister: »Das war für uns alle ein Rätsel«, und er macht eine Pause, als suche er immer noch nach des Rätsels Lösung. »Das hat niemand verstanden«, sagt er und streicht sich durchs graue Haar. »Warum jetzt, nach sechsundvierzig Jahren?«

Auf dem Feld sammeln sich die Stare, und vor dem alten Rathaus, das längst keine Amtsstube mehr beherbergt, steht mit einem Mal ein Fernsehteam, steht still auf der sonnenhellen Dorfstraße und sucht die neue Nachricht, während ein zweites Team im Auto vorbeisaust und aus dem offenen Wagendach die schweigenden Häuser filmt, die der Kollege längst schon abgedreht hat. Keine einzige Einstellung, sagt der Kameramann, die er nicht bereits von Weißbach gedreht habe in den vergangenen Monaten, seit das Zweihundert-Seelen-Dorf über Nacht zum Medienereignis geworden ist.

Die Reaktion im Dorf sei eigentlich unvorstellbar gewesen, sagt er. »Diese einhundertzweiundneunzig Einwohner stellten sich zuerst ganz auf die Seite der Täter. Eigentlich alle, selbst die Kirche.« Und daraus sei das Medieninteresse zu erklären. »Hätten die Männer gestanden, wäre überhaupt nichts passiert.« Man wisse ja von der Häufigkeit solcher Verbrechen. Überall komme das vor. Aber diese öffentliche Solidarität des Dorfes mit dem Täter, die sei etwas unerhört Neues.

Auf das Haus des verurteilten Täters fällt die Sonne, fällt auf den Blumenschmuck am Eingang und auf den Schaukasten mit den drei Weinflaschen. Er war kein Bauer, der Verurteilte, aber er besaß einen Weinberg; um den hat er sich nach Feierabend gekümmert.

»Es gibt heute eine Wagenburgmentalität im Dorf«, sagt der Kameramann. »Einer der vermeintlichen Täter hat sich umgebracht, das wird den Opfern angelastet.« Die hätten Schuld an seinem Tod, heiße es im Dorf. Der Selbstmörder habe hinterlassen, dass er unschuldig sei, und das glaube ihm das Dorf. »Eine ganz verfahrene Situation«, sagt er.

Er habe sie selbst gehört, hier im Ort, die Worte, mehr als einmal: Was sei schon dabei, einem Madl unter den Rock zu fassen? »Nach heutigen Begriffen eigentlich unvorstellbar«, sagt er und blinzelt in die Sonne, »aber solche Worte fallen. Und«, sagt er, »im Dorf wird nicht verstanden, warum die Frauen so lange geschwiegen haben.« Nach einer Schreckstunde, einem Schrecktag oder auch nach einem Schreckmonat, so heiße es im Dorf, hätten die Frauen spätestens sprechen müssen. Vielleicht habe es ihnen ja doch Spaß gemacht. Und liefen die »Mädele«, wie sie sagten, nicht anderntags schon wieder munter herum? Wie kann man denn jahrzehntelang warten, um darüber zu sprechen, sagten die Leute hier. Hysterisch hätten einige Dörfler ins Mikrophon gerufen, hasserfüllt, dass das alles nicht stimme, was die Frauen behaupten würden. Die hätten gelogen, alle miteinander, um dem Großbauern zu schaden, und hätten ihn schließlich in den Tod getrieben.

FRÜHLING

Im Frühjahr war Besuch ins Dorf gekommen. Eine Dame aus Amerika. Zu ihrem 50. Geburtstag war sie zurückgekommen in das Dorf zwischen Feldern, Wiesen, Weinbergen und Wald.

Die Dame aus Amerika war Magdalene Miller. Sie hatte das Dorf verlassen, als sie fünfzehn war. Jetzt war sie angereist, um mit Eltern, Freunden und Verwandten ein Fest zu feiern. Es war ein schönes Fest geworden. Der Abend war lang, und das Dies und Das längst besprochen, und Chicago weit und die schlimmen Zustände dort Vergangenheit. Aber solche Zustände, sagte die Schulfreundin, die gäbe es mittlerweile überall, und die Zeitung sei voll mit Berichten von Raub, Mord und Vergewaltigung. Und da sagte die Wirtin, »Vergewaltigung, die gibt's auch bei uns im Dorf.« Und sie sagte: »Die Gertraud hat vor zwei Jahren angezeigt. Meine Schwester hat den Bauern angezeigt wegen Vergewaltigung. Doch die Tat war verjährt, und die Ermittlungen sind eingestellt worden.« Und da schaute die Magdalene die Gertraud an und sagte: »Wilhelm und Horst«, nannte diese beiden Namen, sprach sie in den Raum. Und da sagte die Wirtin: »Woher weißt du das?« Und es wurde still am Tisch in der Wirtsstube. Und mit einem Mal brach die Magdalene in Tränen aus. »Ich hätte das verhindern können«, sagte sie, »hätte ich nur was gesagt.«

Und dann begann Magdalene ihre Geschichte zu erzählen. Nach sechsundvierzig Jahren, an ihrem fünfzigsten Geburtstag erzählte sie den fünf Frauen nachts am Wirtshaustisch ihre Geschichte.

Die Leidensgeschichte der Magdalene Miller beginnt, da ist sie vier. Ein kleines Mädchen mit Wollmütze und Mäntelchen und einem Puppenwagen aus Korbgeflecht steht auf der Dorfstraße und lächelt in die Kamera. Es wird den Puppenwagen schließlich weiterschieben und gerufen werden von einem jungen Mann. Er wolle der Lene was zeigen, drüben im Stall.

Der Vater von Lene ist Schreiner und arbeitet auswärts. Die Mutter hat eben im Kreiskrankenhaus ihr zweites Kind zur Welt gebracht.

Lene folgt dem Mann in den Stall, der Puppenwagen bleibt vor der Tür. Im Stall wird das Kind nackt ausgezogen und muss den Mann oral befriedigen. »Wenn du was sagst, gibt dich deine Mutter in ein Heim. Sie hat jetzt ein neues Kind und mag dich dann nicht mehr.« Die Lene bleibt stumm.

»Es war für mich ein Traum, hier zu wohnen«, wird der Vater der Lene später erzählen. Landschaftlich sei es so schön hier, der Wald, die Weinberge, die Obstgärten. Und die Luft, die sei so gut gewesen für seine Frau, dass sie sich wieder hätte erholen können von der Krankheit nach der Geburt. Und die Verwandten, die alle miteinander damals geholfen hätten, die Lene und das Neugeborene und den Haushalt zu versorgen. Das alles, wird er sagen, sei gewesen, wie er es sich gewünscht habe.

Als Lene zehn ist, greift ein zweiter Mann nach ihr; der Sohn des Großbauern im Dorf. Er zieht Lene auf die Tenne ins Heu und vergewaltigt sie. »Deine Eltern werden aus dem Dorf getrieben, wenn du was sagst.« Das Kind schweigt. Schweigt über die Jahre hin, lässt das Unaussprechliche geschehen, immer wieder, aus Angst, dass der Familie Schaden erwächst, aus Angst, dass ihm keiner glaubt, aus Angst, schuldig zu sein, aus Angst, verlassen zu werden von den Eltern, den Freunden, von Gott und der Welt.

Am Tag nach dem Geburtstagsfest im Dorfgasthaus war Magdalene Miller in die Kreisstadt gefahren und hatte Anzeige erstattet gegen zwei alteingesessene, ehrenwerte Männer von Weißbach. Kein Kind sollte mehr unter deren Untaten leiden.

Ihr Schwager hatte ihr zugeraten. Die Taten müssten angezeigt werden. Alles müsse auf den Tisch, hatte er gesagt. »Die Magdalene hat mich gefragt, ob sie diese Taten anzeigen soll«, sagt der Schwager, der in einem großen Unternehmen als Ingenieur arbeitet. »Und ich hab sie ermutigt. Ich hab gesagt, das muss angezeigt werden, da halten wir zu dir. Da stehen wir hinter dir und unterstützen dich. Sie war ganz überrascht von dieser Ermutigung«, sagt er, »denn sie hatte erwartet, dass wir sagen, lass diese alten Geschichten ruhen und geh wieder zurück in die USA.«

Magdalene Miller verschob ihren Rückflug und begann sich umzuhören im Dorf. Als sie bei Gesprächen auf weitere Opfer stieß, sei ihr bewusst geworden, sagte Magdalene, dass das nie aufgehört hatte und dass auch in Zukunft Kinder gefährdet sein würden.

Eine Woche später waren acht Frauen aus dem Dorf entschlossen, ebenfalls Anzeige zu erstatten. Eine von ihnen ist Gertraud Bachmeier. »Wir sind in der Familie sieben Opfer«, sagt die Gertraud, die im Saal des Wirtshauses im Souterrain nur bei zugezogenen Vorhängen mit mir sprechen will. Sie hat Angst, dass sie jemand beim Gespräch mit der Fremden beobachten könnte. Angst – seit dreißig Jahren diese Angst, dass die Drohungen der Täter wahr werden und sie aus dem Dorf vertrieben wird, samt ihrer Familie. Fünf ihrer Schwestern waren als Kinder und Jugendliche vergewaltigt worden. »Und zwei meiner Nichten ist das ebenfalls passiert. Das geschieht seit sechsundvierzig Jahren, bis heute. In diesem Jahr ist noch ein Missbrauch geschehen, und es war wieder ein Kind. Als ich die Geschichte der Magdalene gehört habe, da ist für mich noch mal die Welt zusammengebrochen. Es war so ähnlich alles. Die Brutalität war sehr ähnlich. Sie ist mit zehn von ihm vergewaltigt worden und ich mit vierzehn.« Gertraud Bachmaier starrt zur Saaltür und lauscht. Stille. Geräuschlos steht sie auf, schleicht zur Tür und öffnet sie mit einem Ruck. Nichts, niemand, nur im Eck eine Katze, die sich putzt. »Und dann«, sagt sie, »hat sich gezeigt, dass der Vater des Bauern bereits bei der Magdalene zugeschaut hat, so wie eben bei meiner Schwester auch.« Bei der jüngsten Schwester habe es der Täter erneut versucht, aber die sei couragiert gewesen und habe ihn treten und so erst mal außer Gefecht setzen können, und schließlich sei es ihr noch gelungen, zu flüchten. »Er hat es mit meiner älteren Schwester an derselben Stelle gemacht wie bei der Magdalene«, sagt Gertraud. »Es ist ja ein großer Hof, ein ehemaliger Zehnthof mit einem breiten überdachten Durchgang, der zu den Ställen führt, und in diesem Durchgang war immer Heu oder Stroh gelegen. Und da war der Wilhelm am Tor gestanden und sagte, geh mal her, und die Mädchen haben sich nichts dabei gedacht und sind zu ihm gegangen, und da hat er sie gepackt und ins Heu geschmissen. Er war sehr stark. Und der Vater, der im Stall gearbeitet hat, der kam her zum Durchgang und schaute, was da los sei, weil meine Schwester so gebrüllt hat. Er kam her, wie bei der Magdalene auch, hat eine Zeitlang hingeschaut und ist dann wieder weggegangen. Also, das muss für diese Bauern einfach irgendwie normal gewesen sein.«

»Wir pflücken euch alle«, soll er gesagt haben, damals vor dreißig Jahren, der Wilhelm, Jungbauer und Erbe des größten Hofes. Die Konfirmandin Gertraud hat er im Keller des Gemeindesaals »gepflückt«, während der Feier der evangelischen Landjugend.

»Du hast mich unter den Armen gepackt und hochgezogen, mich an die Wand gedrückt und mir den Mund zugehalten und meinen Kopf an die Wand geknallt, so dass ich für kurze Zeit das Bewusstsein verlor. So schafftest du es, in mich einzudringen, und ich kam durch die höllischen Schmerzen wieder zu mir.« So hat die Gertraud es aufgeschrieben, später in einem Brief an den Wilhelm, den sie nie abgeschickt hat. Sie hat den Brief über Jahre mit sich herumgetragen, wie eine Art »Schutzbrief«, der ihr versicherte, dass ihre körperlichen Schmerzen einen realen Grund hatten und keinen eingebildeten. Der Brief steckte in ihrer Tasche, und ab und zu, wenn er unansehnlich geworden war, wechselte sie ihn aus gegen ein aufs Neue ausgedrucktes Exemplar.

»Meine Schwester damals«, sagt die Bärenwirtin später, »hat es für sich behalten und hat sich damit innerlich kaputtgemacht.«
    »Warum hat sie geschwiegen?«
    »Wir haben alle geschwiegen«, sagt die Wirtin. »Man weiß«, sagt sie, »dass man keinen Rückhalt hat. Das ist der Haupt-

grund. Du wirst vom Täter eingeschüchtert, der sagt: Sobald du deinen Mund aufmachst, werdet ihr vom Dorf vertrieben. So hat er uns allen gedroht. Er war der Großbauer, und wir waren nix wert. Wir stammten nicht aus einer ortsansässigen Bauernfamilie. Unsere Eltern waren nach dem Krieg hergezogen, haben die untere Gaststätte gekauft und wollten sich eine Existenz aufbauen. Und dann ist unser Vater sehr früh gestorben, und wir sind irgendwie ohne Schutz zurückgeblieben. Eigentlich«, sagt sie, »sind wir alle schon gezielt ausgesucht worden.«

Die Mutter der Bärenwirtin hatte nach dem Tod des Vaters die sieben Kinder allein zu ernähren und habe immer in Angst gelebt, dass ihr das nicht gelingen könnte. Angst vor der ablehnenden Haltung im Dorf, Angst, dass ihr was angetan würde, Angst, dass irgendetwas Schreckliches geschehen könnte. »Wenn ihr auffällig werdet«, habe sie gesagt, »nehmen sie euch mir weg, und ihr kommt ins Heim.« Deshalb habe man geschwiegen und der Mutter nicht gesagt, dass man vergewaltigt worden ist. Und tatsächlich, sagt die Bärenwirtin, sei die Angst berechtigt gewesen, wie sich heute zeige.

»Die älteren Leute, die schauen dich an, und dann weißt du genau, die wissen Bescheid, wissen, was hier immer noch gespielt wird.« Aber früher sei es eben so gewesen, dass man über solche Dinge geschwiegen habe. »Du hast still zu sein, und weil du nix sagst, ist da auch nix und war da auch nix.«

Niemand sprach die Vorgänge offen an, aber hinter vorgehaltener Hand fanden Andeutungen statt, und so sind sich die Frauen heute sicher, dass die Täter Mitwisser hatten.

»Es sind wohl diese Taten einfach geduldet worden«, sagt die Bärenwirtin, »weil er eben der Hoferbe war und diese herausragende Stellung im Dorf hatte.«

So sei das vor dreißig Jahren noch gewesen, hatte der Bürgermeister gesagt. »Dieser Bauernstolz, mit dem verkündet wurde: Wir haben das Sagen hier, und ihr dort, ihr Landlosen, ihr habt zu tun und zu lassen, was wir, die Bauern, wollen. Sonst treiben wir eure ganze Familie zum Dorf hinaus. Das war die Hierarchie des Stärkeren«, hatte er gesagt, da sei die Überlegenheit des Bauern über den sozial Schwächeren schon Gesetz gewesen. Die Bauern, die hätten halt zu den »Mädele« gesagt: »Wenn wir Bauern was sagen, dann habt ihr kleinen Leut euer Maul zu halten.«

Der Ortssprecher ist ein besonnener Mann. Er vertritt das Dorf im Kreisrat in der Stadt. Einstimmig ist er vor Jahren vom Dorf in diese Funktion gewählt worden. Er bewohnt mit seiner Familie das ehemalige Pfarrhaus, in dessen Erdgeschoss der Gemeindesaal eingerichtet ist. Zur Winterszeit wird dort der Gottesdienst abgehalten, weil es in der Kirche, oben auf dem Hügel überm Dorf, zu kalt ist.

Der Ortsvorsteher ist ein Mann in den Vierzigern, im Dorf geboren und aufgewachsen in einer Familie, die nach dem Krieg hergezogen ist. Und während er mit dem Gast die alte knarrende Holztreppe hochsteigt zur geräumigen Wohnung, erzählt er, wie er sich immer dafür eingesetzt habe, dass ein paar Fremde herzögen ins Dorf, damit ein frischer Wind und andere Gedanken hereinwehen könnten. Aber mit diesem Ansinnen sei er wenig erfolgreich gewesen. Denn für die meisten hier gelte: das Beste sei Beständigkeit. Das Festhalten am Alten gehe gar so weit, dass man Fremde nicht auf dem hiesigen Friedhof habe begraben wollen, und erst als zwei Dorfbewohner sich zur Grabpflege verpflichteten, habe man die Erlaubnis erteilt.

Er führt den Gast in die Wohnküche mit eichenen Einbauten, die er selbst gefertigt hatte. Eine Stube, voll Ordnung und Solidität. Die Blumen vor den Fenstern, rot, im Garten ein Walnussbaum, dessen sonnenbeschienenes Laub den ganzen Raum begrünte.

Der Ortsvorsteher setzt sich an den Tisch und schenkt Kaffee ein. »Wenn man das jetzt sieht«, sagt er, »wie die Weißbacher sich verhalten, dann frag ich mich: Hast du eigentlich die ganzen Jahre richtiggelegen mit deinem Urteil über die Menschen hier, oder bist du ihnen nur aufgesessen? Bist du von ihnen vielleicht nur gewählt worden, weil du für jede Arbeit immer zur Verfügung gestanden hast?«

Und er erzählt von der Familie im Haus gegenüber, die sich wie rasend gegen die anzeigenden Frauen gebärde, und die im Kirchenrat der Gemeinde dafür werbe, dass dem Ortssprecher die Wohnung gekündigt werde, weil er nicht Partei beziehe gegen die »sogenannten« Opfer. Er solle aus dem ehemaligen Pfarrhaus ausziehen und Platz machen für den neuen, selbsternannten Dorfsprecher, der verkündet hatte, das Dorf leide unter einer feministischen Hetzkampagne.

»Wir Männer fühlen uns jetzt alle am Pranger«, hatte der Mann in ein Mikrophon gerufen, »wir werden alle als Schweine und Vergewaltiger hingestellt.« Ein Rufmord sei das, was hier geschehe. Wenn das alles so schlimm gewesen wäre, hatte der Mann mit sich überschlagender Stimme gerufen, warum seien die Frauen dann erst nach Jahrzehnten an die Öffentlichkeit gegangen? Wie konnten sie so lange friedlich Seite an Seite mit ihren angeblichen Peinigern leben? Die Vorwürfe seien aus der Luft gegriffen, sagte der Mann und: »Wir sind noch immer ein Dorf, auf das wir stolz sein können.«

Diese Reden, sagt der amtierende Ortssprecher, die seien gut angekommen im Dorf, und ein allgemeines zustimmendes Nicken habe eingesetzt.

Vor zwei Jahren hat der Ortssprecher erfahren, was im Dorf geschehen war. Seine Schwester hatte es ihm nach zwanzig Jahren erzählt und auch, dass derselbe Täter wieder einen Übergriff gewagt habe. Diesmal auf ihre zwölfjährige Tochter. Ein Übergriff, der schon einige Zeit zurückliege. Damals aber, sagt der Ortssprecher, habe sein Schwager den Mann gestellt und ihm gedroht, wenn dieser noch mal eine Annäherung versuche, dann würde er das anzeigen.

»Man hat versucht, es intern zu regeln«, sagt der Ortssprecher. »In all den Fällen von Vergewaltigung und Kindesmissbrauch haben die Eltern der Opfer ein Gespräch mit dem Täter einer Anzeige vorgezogen. Man hat sich eingeredet, das würde genügen. Die Ehefrau, die heute so wild für die Unschuld ihres Mannes kämpft, die war damals zu meiner Schwester gekommen und hatte sich ausgeweint und gebeten, ihre Familie nicht zu zerstören. Und so hatte man sich geeinigt, nichts zu unternehmen und Stillschweigen zu bewahren. Wir alle haben leider viel zu lang geschwiegen«, sagt der Ortssprecher. Doch als er von den Anzeigen der Frauen bei der Polizei erfahren habe, da sei er aufgestanden.

Zwei Wochen vor Christi Himmelfahrt, als sich das Festkomitee für das anstehende Dorffest zur Beratung gesetzt hatte, war der Ortssprecher aufgestanden und hatte das Verlesen einer Mitteilung angekündigt. »Wir waren zu dritt, mein Schwager und der Schwager von der Magdalene Miller, und da haben wir drei die Geschehnisse vorgebracht. Wir hatten das schriftlich festgehalten und dann verlesen, damit man uns anschließend nichts verdrehen konnte.«

Die drei Männer hatten vor dem Festkomitee, acht Männern und einer Frau, gestanden und hatten die Gründe vorgetragen, weshalb das Dorffest nicht stattfinden könne. Zwei Männer lebten im Dorf, hatten sie gesagt, zwei mutmaßliche Täter, deren Namen sie aber nicht preisgäben. Diese beiden Männer hätten über Jahrzehnte hin Frauen und Kinder vergewaltigt. Nun werde gegen sie staatsanwaltlich ermittelt. Solange die Ermittlungen nicht abgeschlossen seien und keine Klarheit über die Vorfälle bestehe, so lange könne man nicht gemeinsam feiern. Das Dorffest müsse daher ausfallen. Die drei, die hier stünden, würden jedenfalls mit ihren Familien dem Fest fernbleiben.

Da sei die Vorsitzende des Gartenbauvereins, die einen großen Einfluss habe im Dorf, aufgestanden und habe gesagt: Sie wisse, dass da mal vor siebenundzwanzig Jahren was gewesen sei bei ihrem Mann. Aber das sei damals zwischen den Familien geregelt worden, und seitdem sei nichts mehr vorgefallen. Dafür lege sie die Hand ins Feuer. Sie ließe keinesfalls zu, dass ihrem Mann was Unrechtes angehängt werde.

Es sei von zwei Tätern die Rede, hatte der Ortsvorsteher geantwortet, zwei, gegen die im Dorf ermittelt werde, und dieses Ergebnis müsse abgewartet werden. Und dann habe er den Anwesenden noch eine Mitteilung gemacht, die das Protokoll so festhalte: Mädchen von vier Jahren sollen sexuell berührt worden sein, Mädchen mit sechs Jahren sollen keine Jungfrauen mehr gewesen sein – ein Treiben, das offenbar bis heute angehalten haben soll. Vor einem halben Jahr erst soll eine Zwölf-jährige missbraucht worden sein. Das seien Fragen, denen die Ermittler nachgingen.

Alle am Tisch seien daraufhin stumm geblieben, sagt der Orts-sprecher. Nur einer habe sich schließlich zu Wort gemeldet, und dessen Stimme habe Gewicht gehabt. »Der Wilhelm, der Groß-bauer, hat gesagt: ›Wenn das so ist, dann muss das Dorffest eben ausfallen.‹« Am nächsten Tag sei er, der Ortssprecher, in die Kreisstadt zum Bürgermeister gefahren und habe das Dorf-fest abgesagt.

Weil aber das Weißbacher Dorffest so etwas Besonderes war, und auch besonders einträglich, und weil der Erlös diesmal der Kirche zufließen sollte, war die Frau Pfarrerin ganz anderer Mei-nung als der Ortssprecher. Sie wollte, dass das Dorffest statt-finde. Unbedingt. Das Pfarrhaus brauche ein neues Tor, und die Einnahmen aus dem Fest seien für diesen Zweck schon zu-gesagt. Das Pfarrhaus könne kein Jahr länger warten auf ein neues Tor.

»Die Pfarrerin«, sagt der Ortssprecher, »hat in der Angelegen-heit keine positive Figur abgegeben.« Sie habe sich eingemischt, sei von Haus zu Haus gegangen und habe gesagt, das sei ja alles gar nicht so schlimm. In den Nachbarorten sei so was auch schon passiert, und keiner habe sich darüber aufgeregt. Die Pfarrerin habe um das Dorffest richtiggehend gekämpft, sagt der Orts-sprecher. Aber der Wunsch der Pfarrerin sei am Ende nicht er-füllt worden.

Das Dorffest blieb abgesagt, und die Ermittlungen begannen. Ermittelt wurde gegen den angesehenen und beliebten Groß-bauern und gegen den Angestellten und Ehemann der einfluss-reichen Vorsitzenden des Gartenbauvereins.

Noch hielt das Dorf die Neuigkeit unter Verschluss. Mutmaßungen, Gerüchte, geflüstert, unter der Hand, in Andeutungen machten die Runde, doch blieben sie vor der Welt verborgen.

SOMMER

Am Himmelfahrtstag beging der Großbauer Selbstmord. Er war zum Hof seiner Tante gefahren und hatte sich in der Scheune aufgehängt. In seiner Rocktasche fand sich ein Zettel: »Die Familien und ihre Helfershelfer werden nicht mit ihren Anschuldigungen und Lügen aufhören. Und ich werde nicht büßen für Dinge, die ich nicht getan habe.«

Die Kränze zu seiner Beerdigung waren so zahlreich, dass sie die Grabstelle daneben mit bedeckten. Der Tote sei der gute Mensch von Weißbach gewesen, hieß es bei den Trauergästen.

Der Bauer Wilhelm Weigl war nicht nur im Dorf hoch angesehen. Er war der Vorsitzende des Kreisbauernverbandes, Vorstand der Jagdgenossenschaft, war bei der Feuerwehr und Schöffe bei Gericht, er war gar ein ehrenwerter Mann gewesen, sagt die Bärenwirtin. »Und da kommt eine Frau aus Amerika daher und sagt: Er war kein ehrenwerter Mann, er war jemand, der über Jahre hin Mädchen und junge Frauen vergewaltigt hat. Und natürlich glaubt ihr niemand im Dorf«, sagt die Wirtin. »Denn die Magdalene und wir andern Frauen können es ja nicht beweisen und können ihn auch nicht mehr zur Rede stellen, so wie es die Magdalene vorgehabt hat.

»Als das Dorffest abgesagt worden war«, sagt die Wirtin, »hatte die Pfarrerin eine Versammlung für den Tag nach Christi Himmelfahrt einberufen, um die Vorgänge zu diskutieren, damit am Ende das Fest doch noch stattfinden könne. Zu dieser Versammlung hatte sich die Magdalene angesagt, um ihre Leidensgeschichte öffentlich zu machen. Und einen Tag vor der Versammlung bringt sich der Wilhelm um. Er hätte ja seine Strafe annehmen können«, sagt die Wirtin nach einer Pause, »wer seine Schuld eingesteht, dem kann man auch verzeihen. Man kann sich dann wieder begegnen und fertig«, und sie zieht mit der Hand einen Schlussstrich. »Da muss er doch nicht einfach ausreißen, oder?«

Am Mittwoch nach Himmelfahrt hatten die Kirchenglocken in Weißbach eine halbe Stunde lang geläutet.

»Das hat es hier noch nie gegeben«, sagt die 95-jährige Schöllmeierin, »solang ich leb, hat es so ein langes Geläut noch nicht gegeben«, sagt sie. Es war kein fröhlicher Glockenklang gewesen, sondern das Grabgeläut für den Großbauern, zu dessen Beerdigung mehr als fünfhundert Trauergäste gekommen waren. Und obwohl bei jedem Todesfall im Dorf die gesamte Dorfgemeinschaft zur Beerdigung ging, war nicht nur die Schöllmeierin, die immer noch gut zu Fuß ist, zu Hause geblieben, sondern auch zehn weitere der einhundertzweiundneunzig Bewohner von Weißbach. Elf Bewohner waren den Trauerfeierlichkeiten fern geblieben. Die Teilnahme war ihnen von der Pfarrerin untersagt worden.

»Mir wurde gesagt«, sagt die Wirtin, »ich solle nicht zur Beerdigung gehen. Ich wußt erst gar nicht, warum«, sagt sie und streicht über ihre makellose weiße Schürze, »ich hab das gar nicht so schnell kapiert, warum ich nicht zur Beerdigung gehen sollte. Die Frau Pfarrer aber war gekommen und hatte gesagt, ich soll zu Hause bleiben. Ich sei bei der Beerdigung unerwünscht.«

Wieder streicht sie über die Schürze, als sei da etwas wegzustreichen. »Statt uns zu schützen, hat uns die Pfarrerin attackiert. Und in welchem Haus die Pfarrerin auch war, am nächsten Tag waren die Bewohner gegen uns.« Die Wirtin steht auf, sie muss in die Küche. Gäste haben sich zum Mittagessen angesagt.

Das Gasthaus zum Bären in Weißbach war noch vor kurzem vielbesucht. An warmen Tagen war der Biergarten mit Gästen vollbesetzt, und an den Wochenenden wechselten in den Gaststuben Hochzeitsfeiern mit Geburtstags- und Vereinsfeiern. Stammgäste kamen von weit her, weil die Gästezimmer freundlich und blitzsauber waren, das Essen gut und das Dorf in dieser Landschaft für den Städter ein Idyll. Jetzt sind die Hochzeitsfeiern rar geworden, und die Vereine haben sich für ihre Versammlungen und Feiern einen andern Ort gesucht. Selbst die Busse mit den Mittagsgästen sind nicht mehr so zahlreich, seit Krieg herrscht im Dorf.

»Die Kirche hat sich ganz eindeutig auf Täterseite gestellt«, sagt die Wirtin und zieht eine Plastikhaube übers Haar. »Wir wurden sofort geschnitten. Jeder tauchte ab, schaute uns nicht mehr an.« Und dann seien die Drohungen gekommen. Ganz schlimme Drohungen seien das gewesen: Das wird gesühnt, dass ihr ihn in den Tod getrieben habt, und ihr werdet schon bald sehen, wo ihr hinkommt. Und sie streicht wieder und wieder über ihre Schürze, als ließe sich so der Makel, der über Nacht einen Teil der Dörfler befleckt hat, beseitigen.

»In der Nachbarschaft«, sagt sie, »da hat einer gerufen, ›all denen, die jetzt auf der sogenannten Opferseite sind, gehören die Bäuche aufgeschlitzt.‹« Und ihr großer, von der Plastikhaube noch vergrößerter Kopf nickt, und mit schwerem Schritt geht sie in die Küche, und die Schwingtür klappt hinter ihr zu. Sie ist eine gute Köchin, die Bärenwirtin.

In den Obstgärten hängen die Äpfel und Birnen in großer Fülle. Und während ich in dieser sanft hügeligen Landschaft in einen Apfel beiße, steigt ein Gefühl von Dankbarkeit auf. Es ist die Schönheit des Raumes, die uns die mögliche Erfüllung unserer Wünsche von der Wirklichkeit des ländlichen Idylls glauben macht. Von einem Ort des friedlichen Miteinander, der uns schützend umfängt.

Als die Großmutter von Gertraud Bachmeier ins Dorf gezogen war, hatte sie die Gastwirtschaft im Unterdorf gekauft, eine Gastwirtschaft, die es, wie die Großmutter, heute nicht mehr gibt. Damals war es die einzige Gastwirtschaft. Doch die jungen Burschen hatten der Großmutter die Scheiben eingeschmissen, nachdem der Großvater an einem Sturz von der Tenne gestorben war. Man wollte die Zugezogene mit ihren Kindern nicht länger dulden. Sie sollten allesamt dahin gehen, woher sie gekommen waren. Da war sich das Dorf einig. Aber die Großmutter war geblieben, und ihr Sohn hatte schließlich die Gastwirtschaft übernommen und noch ein kleines Busunternehmen gegründet. Und da sind dem Bus die Reifen zerstochen und die Sitze aufgeschlitzt worden, und daran, sagt die Gertraud, an dieser Gemeinheit, an diesem Unrecht, sei ihr Vater schließlich zerbrochen und gestorben.

Am Bach rauschen die Pappeln, streckt sich das Maisfeld, liegen die Wiesen, Äcker und Weinberge und steht der Bildstock: »Anno 1736 ist dieser Bilt Stock zur größeren Ehr Gottes hie her gesetzt worten.« Am Hügel ragt gelb der Zwiebelturm, und vor den Weinbergen leuchten rot die Dächer des Dorfes.

Den Bauern Wilhelm Weigl, der jetzt oben auf dem Friedhof liegt, den haben sie im Dorf den Millionenbauer genannt, so erfolgreich war er gewesen. »Warum aber«, hat der Ortsvorsteher gefragt, »musste er sich umbringen, wenn er unschuldig war?« Und da hat er auch schon selbst die Antwort gegeben: Der Wilhelm habe gewusst, wenn die Untersuchungen erst ins Rollen kämen, würde er sich nicht retten können. »Ein Weigl geht nicht ins Gefängnis«, habe er einmal gesagt, und da sei am Ende nur der Strick geblieben.

Weißbach ist kein fortschrittliches Dorf. Noch immer gilt, was schon im alten Dorf, dem längst versunkenen, gegolten hatte: Man muss zusammenstehen, um sich gegen Widrigkeiten zu behaupten. Auf Hilfe ist im Dorf Verlass. Jeder gibt sie, jeder nimmt sie, die Eier, das Brot, die Fuhre Kies, eine Hilfe, mit der jeder noch immer rechnen kann.

Es sind einfache alte Denkstrukturen, die das dörfliche Miteinander bestimmen: Der größte Bauer hat das Sagen, die andern müssen parieren. Wer zugezogen ist, ist in der schwächsten Position und muss erst einmal beweisen, ob er bleiben darf.

»Das war eine gute Gemeinschaft«, sagt der Bürgermeister, »und plötzlich muss jeder zusehen, wie diese heile Welt zerplatzt. Da beginnen alle, den Schuldigen zu suchen.« Er habe das Gefühl, dass fast achtzig Prozent der Bewohner sich auf die Seite der Täter gestellt haben. Das Dorf, sagt er, könne nicht verstehen, dass jemand neunundvierzig Jahre lang einen Schmerz mit sich herumtrage, um ihn dann plötzlich in die Welt zu rufen. Man glaube den Opfern einfach nicht, da könne der Staatsanwalt noch so oft äußern, dass für ihn keinerlei Zweifel an der Glaubwürdigkeit der Frauen bestehe. Die Weißbacher seien fest davon überzeugt, dass da nichts war. »Hättet ihr euer Maul gehalten«, so heiße es, »dann hätte der sich nicht das Leben genommen. Ihr habt einen Familienvater in den Tod getrieben.« Der Verstorbene habe sich gar nichts vorzuwerfen gehabt, sage man im Dorf. Und: Es seien nur zwei Familien, die das angezettelt hätten. Der Rest der Dorfgemeinschaft stehe eisern zusammen.

Er habe nicht damit gerechnet, sagt der Bürgermeister, dass sich das Dorf auf die Seite des Täters schlagen würde. »Im Gegenteil«, sagt er. »Für mich war klar, dass der Mann wusste, was auf ihn zukommt. Warum bringt sich ein Unschuldiger sonst um?« Er könne sich nicht vorstellen, dass sich jemand umbrächte, der, wie man so sage, eine reine Weste habe. »Ich meine, dass es die Angst gewesen ist, vor dem, was passieren könnte, wenn es zur Anklage käme«, sagt er, und dass es vielleicht am Ende doch heißen könnte, dass da was war, und dass der Wilhelm Weigl, den er, der Bürgermeister, auf vielen Versammlungen durch sein entschiedenes Auftreten und seinen häufigen Einsatz für das Gemeinwohl sehr habe schätzen gelernt, dass dieser Mann, dieses ausgewachsene und eindrucksvolle Mannsbild, mit dieser Vorstellung womöglich nicht fertig geworden sei. »Aber er hätte sich stellen können«, sagt der Bürgermeister, »er hatte ja die finanziellen Möglichkeiten, sich einen ausgezeichneten Anwalt zu nehmen.« Und das Dorf hätte dem Wilhelm Weigl, da sei er sicher, schließlich auch geglaubt.

Mittagszeit und im Gasthaus reger Betrieb. Gäste sitzen im Biergarten, essen und trinken, und plötzlich stockt das Hin und Her von Tellern und Gläsern, und im Gastraum steht die Wirtin, bleich, und die Kellnerinnen schütteln die Köpfe, und aus der Küche treten drei Frauen mit Kochhäubchen und Schürze und laufen hinaus auf die Straße, und die Wirtin eilt ums Haus, und die Kellnerinnen schauen in die hintersten Winkel des Gartens.

»Das Kind ist verschwunden«, sagt die Wirtin, »das Enkelkind«, und sie hastet zum Auto, diese große, schwere Frau, überlässt Töpfe und Pfannen in der Küche sich selbst und braust die Straße hinab ins Dorf. Das Kind wird bald im Haus gefunden, doch die Wirtin ringt noch immer um Fassung.

»Seit es das Gerücht gibt«, sagt sie, »dass es auch noch einen dritten Mann gibt, der das macht, seit der Zeit hab ich immer die Enkelkinder im Blick.« Und wenn eines, wie jetzt gerade, aus ihrem Blick gerate, verfalle sie in Panik. Ja, sie lebe beständig mit der Angst, dass auch den Enkelkindern das Schreckliche geschehen könne.

Die Gäste im Biergarten lachen, die Kinder im Schwimmbecken planschen, und an der Tür zur Küche steht die Bärenwirtin, noch immer bleich wie das Vanilleeis, das die Kellnerin an ihr vorbeiträgt.

Der dritte Täter sei ein Gerücht, das sich hartnäckig halte im Dorf, auch nach den polizeilichen Ermittlungen, die ergebnislos geblieben seien, wird der Bürgermeister später sagen. Es sei ein Gerücht, das Angst schüre. Seit den mutigen Anzeigen der Frauen beherrsche ohnehin Angst das Dorf. Die Angst der Opfer vor Gewalt und Vertreibung, die Angst, als Lügner zu erscheinen, die Angst, sich nicht mehr wehren zu können, die

Angst, den guten Ruf zu verlieren. Es sei, wird er sagen, die Angst des Dorfes vor der Wahrheit.

Er habe auf mich gewartet, sagt der Mann vor der Gasthaustür. Er wolle mit mir reden. Und während wir, am gut besuchten Biergarten vorbei, hinaufgehen zum Wald, erzählt er vom Tod des Großbauern, wie dessen Freunde sich von ihm abgewandt hätten, als die Ermittlungen im Dorf begannen, wie das Getuschel begonnen habe, und die Ehefrau tagelang verschwunden gewesen sei, wie der Sohn den Vater zur Rede gestellt habe, und wie der Großbauer dort oben im Wald, und er zeigt hoch zum Waldrand, der sich in einem sanften Schwung um die Wiesen legt, wie er dort oben versucht habe, sich mit dem Auto das Leben zu nehmen. Und erst der zweite Versuch mit dem Strick sei gelungen, sagt er, und der hätte in seinen Augen auch gelingen müssen, denn als mutmaßlicher Täter sei der Großbauer tatsächlich auch zum Opfer geworden, das Opfer der eigenen Familie und Freunde, die ihn im Stich gelassen hätten.

Im Tod aber, sagt er, konnte der Bauer Weigl sein hohes Ansehen bewahren. Gegen Tote wird nicht ermittelt. Das habe der langjährige Schöffe Weigl gewusst. Im Tod bleibe er unschuldig.

Ihnen, den Opfern und ihren Angehörigen, bleibe jetzt nur die Hoffnung, sagt er, dass die Menschen hier doch noch zur Einsicht fänden, was Recht sei und was Unrecht. Und da rennt er mit einem Mal los, hinab zum Dorf, weil gleich der Schulbus käme mit den beiden Töchtern, die er abhole, täglich, aus Angst, ihnen könne geschehen, was der Mutter geschah, vor achtundzwanzig Jahren. Er habe all die Zeit geschwiegen, sagt er, weil seine Frau es so gewollt habe, geschwiegen und nicht angezeigt, als er damals, vor der Ehe, vom Verbrechen erfuhr. Geschwiegen auch, weil bald nach der Tat ein Deal vereinbart worden sei zwischen der Familie des Täters und jener des missbrauchten Kindes. Man habe es, sagt er, bei einer privaten Aussprache belassen und bei der Aufforderung an den Täter, dafür zu sorgen, dass so etwas nicht mehr passiere. So sei das gewesen, ja, und wie er jetzt wisse, hätten Mütter anderer betroffener Kinder sich ähnlich verhalten und auch den Kindern selbst ein Schweigen auferlegt, um größerem Unglück, wie sie sagten, vorzubeugen, einer Vertreibung aus dem Dorf etwa, sagt er. Und die Richtigkeit ihres Verhaltens bestätige den Familien das Heute: Was sie befürchtet hätten, träte ja jetzt ein.

Konflikte zu lösen habe das Dorf nicht gelernt. Konflikte blieben über Generationen oder lösten sich von selbst. Irgendwann nach der Tat sei der Kinderschänder wieder eingekehrt ins Wirtshaus, habe gesprochen und gelacht mit der Wirtin, deren Kind er missbraucht hatte.

Und während wir durch die sonnenbeschienenen Felder gegangen waren, mit hochstehendem, reifendem Korn, während wir durch die flimmernde Hitze hinaufgegangen waren zum Wald, hatte er erzählt, wie irgendwann die Opfer wieder neben den Tätern im Festzelt gestanden waren und wie sie gemeinsam Bier verkauft hatten, eine Annäherung, ohne Abbitte, ohne Verzeihung und ohne Versöhnung, als wäre bloß ein jahreszeitliches Phänomen vorüber, ein Winterfrost, vertrieben von der Frühlingssonne.

Das Dorf denke kollektiv, hatte er gesagt. Das Private habe in der Dorfgemeinschaft keinen Platz. Wer persönliche Probleme in die Öffentlichkeit des Dorfes trage, stifte Unfrieden. Wer Unfrieden stifte, müsse gehen.

Zur Hauptschuldigen für die Verwerfungen im Dorf war Magdalene Miller erklärt worden. Die Magdalene, sagten die Leute, solle verschwinden, und das sofort.

Wenige Tage nach dem Tod des Bauern hatte bei der Bärenwirtin spätabends das Telefon geklingelt. »Mein Mann«, sagt die Wirtin, »bekam den Anruf, wir sollten die Lene sofort auf die Straße setzen. Die Lene sollte noch in der Stunde unser Dorf verlassen. Die Dorfgemeinschaft wolle, dass sie weggeht.« Wenn das nicht umgehend geschähe, passiere was Schlimmes, habe der Anrufer gesagt. »Aber wohin sollte die Lene jetzt gehen, mitten in der Nacht?«, sagt die Wirtin.

Magdalene Miller packte ihren Koffer und fuhr ab.

»Wir kamen uns feige und schlecht vor, weil wir gesagt haben, du musst gehen. Es war furchtbar.« Noch in der Nacht war Magdalenes Schwager gekommen und hatte sie fortgebracht, in die Kreisstadt. Keiner der Verwandten im Dorf hatte sie aufnehmen wollen. »Alle«, sagt die Wirtin, »alle hatten wir große Angst.«

Er tue, was er könne, um die, wie er sich ausdrückte »eskalierenden Zustände im Dorf«, einzudämmen, sagt der Bürgermeister. Normalerweise sei es doch so, dass man den Opfern zur Seite stünde, aber das sei hier nicht der Fall. Im Gegenteil. Man müsse denen die Schädel einschlagen, heiße es in Weißbach. Und da habe er als Bürgermeister auf der Ortsversammlung gesagt, solche Sätze dürften nicht dauerhaft zum Umgangston gehören.

»Eine sind wir los. Die Amerikanerin ist aus dem Dorf verjagt. Jetzt kommen die andern dran«, habe es im Dorf anderntags geheißen. Jetzt sollten Eltern und Verwandte vertrieben werden. Erst wenn man die Lügenmäuler gestopft habe, erst wenn die Frauen und ihr Anhang in die Flucht geschlagen seien, könne das Dorf auf alte Fröhlichkeit hoffen und wieder schöne Feste feiern.

Als Nächste war Magdalenes Schwester an der Reihe. Sie verließ das Dorf drei Monate später in Panik. Sie habe dem Druck nicht länger widerstehen können, sagt ihr Mann. »Sie hat nicht zu den missbrauchten Frauen gehört. Wir und unsere Kinder sind in eine Art Sippenhaft genommen worden.« Und während er mir im Zug auf der Fahrt in die Stadt gegenübersitzt, erzählt Magdalenes Schwager die Geschichte der Vertreibung. Er habe täglich den zweistündigen Weg zur Arbeit auf sich genommen, weil es so gut gewesen sei für Frau und Kinder, dort im Dorf zu leben. Jetzt habe sich seine Anfahrtszeit auf fünfzehn Minuten verkürzt. »Eine Verbesserung immerhin«, sagt er und lächelt müde. Draußen folgt uns der Fluss, ziehen Weinberge in kräftigem Grün und kleine Ortschaften mit Zwiebelturm-Kirchen vorbei.

»Es hatte im Dorf geheißen, man müsse uns missachten, damit wir das Dorf verlassen«, sagt der Mann. »Und diese Devise haben sie schließlich alle befolgt. Es wurde vor uns ausgespuckt. Unsere Kinder durften ihre Freunde nicht mehr besuchen, der Schwiegervater, der das Gemeindeblatt austrug, wurde vom Hof gejagt.« Und ihn selbst, sagt er, habe der Nachbar, mit dem er sich über Jahre hin gut verstanden habe, angeschrien: »Schaut alle miteinander, dass ihr hier wegkommt. Ihr habt in diesem Dorf nichts mehr zu suchen.« Und als ihnen immer wieder die Autoreifen zerstochen wurden, da habe seine Frau fast keine Nacht mehr schlafen können, habe an Gewicht verloren und schließlich ins Krankenhaus gemusst.

»Wir haben uns nicht nur bedroht gefühlt, wir waren es auch.

Uns gehöre das Haus abgebrannt, hat ein Bauer lauthals verkündet, und er würde auch dafür ins Gefängnis gehen, wenn wir nur vertrieben würden. Da war für mich klar, dass dieser Ort keine Zukunft mehr für uns bietet. Wir haben unsere Sachen gepackt und sind in die Stadt gezogen.«

Zur Eröffnungsfeier des Cafés der Bärenwirtin, mit weitem Blick auf die waldigen Hügel, werden die feinsten Torten und Kuchen angeboten, doch niemand kommt, sie zu essen. Man habe, sagt die Wirtin, das Gasthaus um ein Café erweitert, um der Tochter, der die seelischen Folgen der Vergewaltigung noch immer zu schaffen machten, einmal einen gut funktionierenden Betrieb übergeben zu können. Doch statt der Gäste kämen Drohbriefe ins Haus. Nur ein altes Ehepaar sitzt bei der Wirtin und wischte sich die Augen und redet von der alten Zeit, die gut war, und die nun endgültig vorbei sei.

Verlassen von der Welt und auch von Gott sind, wie es scheint, die anklagenden Frauen. In einem Brief waren sie und ihre Familien aufgefordert worden, sich einen anderen geistlichen Beistand zu suchen, einen von außerhalb. Es war ein Brief von der Pfarrerin.

Ein Journalist, der damals als einer der Ersten vor Ort gewesen war, erzählte, dass es seltsamerweise von Beginn an unmöglich gewesen sei, mit der Pfarrerin zu sprechen. Zwar habe man in München anrufen können und von der Presseabteilung allgemeine Hinweise erhalten über die pastorale Fürsorge- und Schweigepflicht, aber die hiesige Pfarrerin sei zu den Vorgängen bis heute nicht zu sprechen. »Sie müsste einiges erklären«, sagte er. »Diese Pfarrerin hat die Opfer angerufen und gesagt, sie sollten nicht zur Beerdigung kommen. So ein Kommen wäre schädlich. Ich hätte gern von ihr gewusst, warum die Opfer ausgeschlossen wurden. Für wen ihre Teilnahme an der Beerdigung schädlich sei. Aber sie äußert sich nicht dazu. Sie verweigert jedes Gespräch.«

Ich rufe im Pfarrhaus an. Ein Mann ist am Apparat, er sei der Ehemann der Pfarrerin. Nein, Interviews würde seine Frau nicht mehr geben. Das Landeskirchenamt in München gebe jetzt Auskunft. Aber so viel könne er jedenfalls sagen: Sie beide seien der Meinung, dass nichts an den Geschichten dieser Weißbacher Frauen sei. Und ich frage, ob er bereit wäre, einige Fragen zu beantworten. Er wolle es bedenken bis zum nächsten Tag.

»Die Leute hier sind hinterhältig«, sagt er anderntags. Da sei nur Unwahrheit verbreitet worden. »Besonders von zwei Familien der sogenannten Opfer. Die agieren schon seit Generationen gegen die Pfarrer.« Also ein Interview mit ihm, sagt er, das würde seiner Frau schaden, aber ein kleines Gespräch am Telefon, das wolle er schon führen.

Warum er denn die Menschen hier als hinterhältig bezeichne?

Das habe mit der Gegenreformation zu tun, sagt er, die die Protestanten damals gezwungen habe, zurückzukehren zum alten Glauben und ihren wahren Glauben zu verbergen.

Ob er wisse, weshalb die Pfarrerin die Betreuung der vergewaltigten Frauen abgelehnt habe?

Eine Person könne nicht für alle Seelsorger sein, sagt er. Diese Ansicht habe auch der Regionalbischof vertreten. Gehe die Pfarrerin in ein Haus hinein, sei sie im nächsten schon unten durch.

»Unten durch?«

Ja, sagt er, das Misstrauen, ob seine Frau vielleicht zur gegnerischen Seite halte, sei dann sehr groß. Ein Misstrauen, das die Medien geschürt hätten mit ihrem Strickmuster von Opfer und Täter. Was aber jetzt im Dorf geschehe, das sei von militanten Frauen angestiftet, genau wie in Amerika, von solchen, die sich rächen wollten an den Männern, bei denen sie nicht landen konnten. »Wenn diese Frauen angeblich brutal vergewaltigt worden sind, warum haben sie es nicht gleich gesagt? Ich sag Ihnen, warum: Sex unter Jugendlichen war es, und junge Männer gehen eben oft zielstrebig auf Geschlechtsverkehr zu.«

Und was den andern, der in U-Haft sitze, was den Pädophilen angehe, der habe die Mädchen eben mal betatscht, und er rechne mit dessen Freilassung. Die Amerikanerin habe ja behauptet, sie sei mit vier Jahren von ihm missbraucht worden; aber wer soll denn das glauben? Die habe einen schlechten Ruf. Sie sei auf den fahrenden Zug aufgesprungen, um dem Dorf zu schaden. Und das sei ihr auch gründlich gelungen. Die gut funktionierende Dorfgemeinschaft, die sei jetzt tiefgreifend gestört.

Der Antrag auf Absetzung der Pfarrerin sei bereits auf dem Tisch, wird der Bürgermeister später erklären.

Laut einem Zeitungsartikel habe die Pfarrerin damals, als das Geschehen in Weißbach öffentlich wurde, zu einem Journalisten gesagt: So was gäbe es auch im Nachbarort, und da sei »kein so ein Theater drum gemacht worden«. Für eine Geistlichkeit sei das eine ganz und gar unfassbare Einstellung.

Um nun über die Möglichkeiten einer Befriedung des Dorfes zu diskutieren, habe man eine Sitzung des Kreisrates einberufen, und da habe die zufällig anwesende Vizepräsidentin des Deutschen Bundestages die Forderung gestellt, so eine Frau müsse umgehend abgesetzt werden. Und da habe der Dekan der evangelischen Kirche geantwortet, so der Bürgermeister, ohne ihren erklärten Willen dürfe die Pfarrerin nicht versetzt werden. Und die Pfarrerin habe mitgeteilt, sie habe keine Veranlassung, einer Versetzung zuzustimmen.

HERBST

Morgens um sechs stehen vor dem Landgericht die Besucher um Platzkarten an. »Das wollen wir uns schon selbst mal anhören, was der Staatsanwalt gegen den Angeklagten in der Hand hat«, ruft einer aus der Warteschlange in ein Mikrophon. »Das wird sich ja jetzt zeigen«, sagt ein anderer, »ob diese Vorwürfe zu einer Verurteilung ausreichen.«

Um acht ist der Saal der Jugendschutzkammer am Oberlandesgericht überfüllt.

»Man hätte das auch anders lösen können«, sagt der selbsternannte Dorfsprecher, der jedem vor dem Gerichtssaal bereitwillig seine Ansicht mitteilt. »Man hätte wenigstens warten können, bis das Dorffest rum ist.«

»Es geht ihnen nicht darum, dass Kinder geschützt werden«, sagt Gertraud Bachmeier, die im Kreis ihrer Verwandten steht wie in einem Schutzraum. Es ginge vielen im Dorf nur darum, die Idylle zu bewahren und diese Behauptung von der schönen heilen Weißbach-Welt aufrechtzuerhalten.

In den vorderen Reihen des Gerichtssaals drängen sich Kamerateams, Fotografen, Zeitungs- und Radiojournalisten und warten auf Neuigkeiten.

»Ich hab so was noch nie erlebt«, sagt der Kollege vom Regionalblatt, der den Fall Weißbach von Anfang an verfolgt hatte. »Das war der blanke Wahnsinn, der dort im Dorf abgelaufen ist.« Die Leute hätten vor laufender Kamera die schlimmsten Gemeinheiten und Drohungen herausgeschrien, und die anklagenden Frauen hätten sich zeitweise nicht mehr auf die Straße getraut; sie hätten um Polizeischutz gebeten und ihn auch bekommen. Seine Redaktion habe von Beginn an versucht, durch gemäßigte Berichterstattung die aggressive Stimmung möglichst nicht noch weiter anzuheizen.

Aber es sei immer schwierig, den richtigen Weg zu finden. »Wir haben oft diskutiert, wie weit man gehen soll. Denn die Opfer wollten sich nicht öffentlich äußern, und so waren vor allem die Stimmen ihrer Gegner zu hören.«

Ein Mann klopft dem Journalisten auf die Schulter. »Grüß dich«, ruft er. »Und schreib ja alles richtig auf.«

»Ich bemüh mich«, sagt der Journalist.

»Ich les nämlich alles mit«, sagt der Mann, und ein bissel mehr Pfeffer für die richtige Seite, das wünsche er sich schon.

»Weshalb ist es Ihrer Meinung nach möglich gewesen, die Vorgänge so lange unter den Teppich zu kehren?«

Ein Phänomen sei das, sagt der Journalist, und schwer zu erklären. Es spiele wohl eine Rolle, dass manche Eltern nicht erkannt hätten, dass ihr Kind missbraucht worden ist. Sie hätten die Signale nicht erkannt, und als sie sie dann erkannten, hätten sie einfach Angst gehabt. Angst vor den Tätern.

Plötzliche Stille.

Durch eine Seitentür betritt der Angeklagte den Raum. Ein sechzigjähriger Mann in Handschellen, mittelgroß und stämmig, schütteres braungraues Haar, im roten Gesicht eine Goldrandbrille. Zwischen zwei Polizisten steht er mit gesenktem Kopf, in Jeans und Turnschuhen und brauner Windjacke, vor der Phalanx der Fotografen. Eine farblose Erscheinung, auffallend einzig durch einen weißen Backenbart, wie Kaiser Wilhelm ihn trug. Ein Würstchen sei das, wird einer der Prozessbeobachter später schreiben, »ein Nichts«.

Der Angeklagte ist kein reuiger Sünder, der beschämt in seinen Handschellen im Gerichtssaal steht. Er wirkt wie einer, der die Zähne zusammenbeißt, um dieser Zumutung zu trotzen. Er sei jemand, wird der Gutachter später sagen, der darunter leide, wie man mit ihm umgehe.

Das größte Problem an der ganzen Geschichte sei, hatte der Journalist der Regionalzeitung gesagt, dass der eine sich getötet habe und dadurch vieles im Dunkeln bleiben würde. Gegen einen Toten könne nicht mehr ermittelt werden. Das verletze das postmortale Persönlichkeitsrecht, wie es juristisch heiße.

Auch der Angeklagte hatte versucht, sich umzubringen, es aber so deutlich angekündigt, dass es verhindert werden konnte. Tatsächlich war sein Überleben die Voraussetzung für die Glaubwürdigkeit der zwei Mädchen und vier Frauen, die sich an die Öffentlichkeit gewagt hatten und deren Fall noch nicht verjährt war.

»Berichten Sie aus Ihrem Leben«, sagt der Richter. Und der Angeklagte breitet die Daten seines unscheinbaren Lebens aus. Kind aus Weißbacher nichtbäuerlichen kleinen Verhältnissen, durchschnittlich alles, sagt er, von Beginn an, die Noten, die Ausbildung, das Einkommen. »Und nichts Gutes war dabei?«, fragt der Richter. »Nichts Schlechtes, Bemerkenswertes oder Auffälliges war da in Ihrem Leben?« Nein, nichts. Er heiratet mit dreiundzwanzig, zeugt drei Söhne, arbeitet in der Kreisstadt im Lebensmittelgroßhandel, erweitert sein Haus, saniert und modernisiert, ist schuldenfrei und gesund. Er habe, sagt der Angeklagte, sein Leben lang für die Familie gelebt. Er sagt: »praktisch ein Leben lang«. Und dann schweigt er und spricht, auf seine zurückgenommene, monotone, leicht vernuschelte Art, erst wieder, nachdem die Zuhörer den Saal verlassen haben. Auf Antrag der Verteidigung soll nur unter Ausschluss der Öffentlichkeit weiterverhandelt werden. Der Angeklagte fürchte, so sein Anwalt, durch Presseberichte den Repressionen von Mitgefangenen ausgesetzt zu werden.

Das habe er schon oft erlebt, sagt ein Gerichtsreporter vor der Tür, dass Menschen, die sich einen Teufel um die Seelenqual anderer scheren, auch nicht um die kleiner Kinder, dass gerade solchen Menschen ihre eigene leibliche und seelische Unversehrtheit enorm wichtig sei. Dass mir bloß keiner an die Hose fasst im Knast, sei die große Sorge solcher Straftäter.

Jetzt sitzt der Angeklagte da, mit halb gesenktem Kopf. Ihm gegenüber, seitlich in der Bank, eines seiner Opfer, damals ein siebenjähriges Kind, das in seinem Auto sitzt und zusammen mit seiner Frau und den eigenen Kindern zurückfährt ins Dorf, und Frau und Söhne steigen aus und ein paar Häuser weiter ist das kleine Mädchen zu Hause, doch es steigt nicht aus, kann nicht aussteigen, muss mit, bis hoch in den Wald, wo er nach dem Kind greift, es auszieht und zu vergewaltigen versucht, doch ein Fahrzeug kommt, und er bricht ab. Abgelassen hat er nicht vom Kind. Nicht von diesem und nicht von anderen, die Dunkelziffer sei womöglich hoch, sagt der Ermittler vor Gericht. Die Opfer gab es griffbereit im eigenen Haus. Das jüngste ist jetzt dreizehn. Es waren Kinder, die von der Ehefrau tagesbetreut wurden. Jahre zuvor hatte sie von den Eltern eines Kindes von den Taten ihres Mannes erfahren und damals mit der Familie ausgehandelt, dass keine Anzeige erstattet werde, um ihr junges Familienleben nicht zu zerstören. Ihr Mann, so hatte man sich geeinigt, sollte eine Therapie beginnen. Nach zwei Sitzungen hatte er die Therapie als erfolgreich abgeschlossen beendet.

Vor Gericht verweigerte die Ehefrau die Aussage, schwor aber öffentlich, keine Ahnung gehabt zu haben von den Vorgängen. Sie ließ sich, noch vor Beginn des Verfahrens, von ihrem inhaftierten Ehemann scheiden. Sein Haus gehörte jetzt ihr, ihm würden die Gerichtskosten bleiben. Doch wohnen würde er in seinem ehemaligen Haus wieder dürfen, das sicherte ihm die geschiedene Ehefrau zu. Nach seiner Freilassung könne er das von ihm ausgebaute Dach beziehen. Vorsorglich hatte die extreme Rechte schon mal ein Flugblatt im Dorf in Umlauf gebracht, das die Todesstrafe für alle Pädophilen forderte.

Pädophil jedoch sei der Angeklagte nicht, erklärte der Psychiater in seinem Gutachten. Keine Normabweichung, keine Präferenzstörung, keinerlei psychopathologische Störungen. Niemand verlangte dem zweifachen Doktor der Psychiatrie eine eingehende Erklärung ab. Niemand fragte, wie das Verhalten des Angeklagten dann zu deuten sei, wenn alle Kriterien der Norm entsprächen. Man stünde am Abgrund der Normalität, formulierte der Anwalt der Nebenklage seine Ratlosigkeit.

Und hätte der Richter nicht im Namen des Volkes erklärt, dass man einem Menschen kaum etwas Schlimmeres antun könne, als ihn sexuell zu missbrauchen, hätte er nicht erklärt, dass der Angeklagte sich so sicher gefühlt habe in seinem sozialen Umfeld, dass er in aller Öffentlichkeit gewagt habe, sich immer wieder an Kinder heranzumachen, über vierzig Jahre lang, hätte er nicht erklärt, dass durch die Taten des Angeklagten die Opfer eine Schädigung erlitten haben, an der sie schwer trügen, und hätte der Richter Daxner den Angeklagten dafür nicht vier Jahre und sechs Monate ins Gefängnis geschickt, man hätte diesen Gerichtssaal mit dem Eindruck verlassen können, dass hier eine falsche Sensibilität, eine Überempfindlichkeit gegen Taten bestehe die in einem ganz normalen Umfeld von einem ganz normalen Menschen begangen worden sind. Man hätte den Eindruck bekommen können, dass diese Taten tatsächlich ganz normal waren.

Das Urteil hat die Frauen im Dorf nicht glaubhafter gemacht. Die Verteidigung hatte die Aussagen der Zeugen vehement angezweifelt und Magdalene Miller, die Zeugin der Anklage, gefragt, ob sie den sexuellen Verkehr mit dem Angeklagten nicht doch freiwillig und gern vollzogen hätte. »Ein vierjähriges Kind«, hatte Frau Miller zurückgefragt, »ein Kind von acht, von zehn Jahren?« Sie habe hier nicht zu fragen, sondern zu antworten, hatte der Verteidiger gesagt. »Ich hab mich nicht mehr gewehrt«, hatte die Magdalene da schließlich gesagt, »ich habe mich gefügt aus Angst, Schande über meine Eltern zu bringen.«

Und der Verteidiger: Es sei doch bekannt gewesen, dass sie nichts habe »anbrennen« lassen. Man habe sie im Dorf als »Feder« bezeichnet. Da war der Zeugin Miller das Blut aus dem Gesicht gewichen. Sie hatte sich kerzengerade aufgerichtet auf dem Zeugenstuhl und hatte den Richter Daxner angeschaut. Doch der war ihr nicht zu Hilfe gekommen. So hatte sie öffentlich vor Gericht erklären müssen, dass sie mit achtzehn den ersten einvernehmlichen Sex hatte. »Das war mit meinem ersten Freund«, hatte sie gesagt, »da lebte ich seit drei Jahren nicht mehr in Weißbach.«

Opfer und Zeugen hatten den Gerichtssaal mit einem Makel verlassen müssen, einem hinterrücks angebrachten Etikett, dass wohl doch nicht alles stimme, was da vorgebracht worden sei, dass vieles womöglich erfunden worden war, um sich wichtig zu tun, vielleicht sogar, um sich zu rächen. Hatte nicht der tote Großbauer einem der Opfer ein Grundstück weggeschnappt?

Es sei, sagten viele im Dorf, durch den Prozess »nix bewiesen«. Und solange »nix bewiesen« sei, sei auch »nix gewesen«. Und beweisen könne man es nun mal nicht.

Jetzt sei es heraus, hatte ein Mann gesagt, während er die Treppe im Gerichtsgebäude hinabgestiegen war, es sei nun heraus, hatte er gesagt und den Reißverschluss seiner Jacke zugezogen.

Was denn heraus sei?

»Niemand ist da vergewaltigt worden«, hatte er gesagt.

Wofür der Angeklagte dann verurteilt worden sei?

»Unsittlich berührt hat er sie halt.«

Kaum eine Woche nach dem Urteil, an einem warmen Tag im Oktober, tritt eine stämmige blonde Frau aus ihrem Hoftor auf ein Kamerateam zu und lädt zur Dorfversammlung in den Gemeindesaal ein. »Heut Abend um halb acht«, sagt sie und lächelt in die Kamera.

Der Saal ist voll bis auf den letzten Platz. Auch der Herr Bürgermeister und sein Stellvertreter sind gekommen. Vorn, zwischen Altar und Lektorenpult, steht unterm Kreuz der Rechtsanwalt Kälbler aus der Landeshauptstadt. Er vertritt die Familie

120

des toten Großbauern, gegen das Dorf, gegen die Opfer und – ganz entschieden – gegen Magdalene Miller. Ihr hat der Anwalt bereits Klage und Bußgeld angedroht, falls sie den toten Bauern weiterhin beschuldige. »Liebe Weißbacher, es ist ein Komplott angezettelt worden, um das Dorf zu vernichten«, sagt er. Applaus. Er verweist auf die für ihn feststehende Unschuld des Selbstmörders. Applaus. Er ruft: Die Anklagen der Frauen sind falsch. Wieso soll das Dorf Opfer bedauern, die sich lediglich als Opfer verkaufen, und Geld dafür bekommen, dass sie unwahre Behauptungen aufstellen? Applaus. Er sei davon überzeugt, dass Magdalene Miller und die andern Zeuginnen vor Gericht die Unwahrheit gesagt hätten. »Diese Frauen haben im Dorf nicht die Anerkennung gefunden, die sie sich wünschten.« Daher sei in den Jahrzehnten ein Racheplan an Weißbach gereift. »Wie aber bestraft man ein ganzes Dorf?«, fragt der Anwalt, und gibt gleich selbst die Antwort. »Man nimmt sich genau denjenigen heraus, mit dem man die größte Wirkung erzielen kann.« Und dies sei nun einmal Wilhelm Weigl gewesen, der angesehene, einflussreiche Großbauer.« Großer Applaus. »Kein Mensch«, sagt der Anwalt, »kann sich sicher sein, dass er nicht morgen hier in Weißbach als weiterer Täter bezichtigt wird.« Wirkliche Opfer gingen nicht an die Öffentlichkeit. Es sei offenkundig, dass hier ein Komplott vorliege. »Weißbacher«, ruft er, »lasst euch nicht zu Triebtätern machen. Wehrt euch gegen das Komplott.« Das Dorf ist begeistert.

Ein Einziger steht auf, bringt vor, dass ihm der tote Groß- bauer als nicht ganz so heilig bekannt gewesen sei, wie er jetzt gemacht werde.

»Ihnen geht die Sensibilität ab«, ruft der Anwalt, »die Sensi- bilität, die man benötigt, mit dem Andenken eines Verstorbenen umzugehen, so dass ich Ihnen sagen muss: Erbärmlicher, als Sie sich jetzt aufgeführt haben, konnten Sie sich nicht aufführen.« Fünfhundert Menschen hätten den Trauerzug des von allen geschätzten Verstorbenen gebildet, ruft er in den Gemeindesaal. »Bei einem unverschämten Menschen wie Ihnen, wird wohl kein Einziger zur Beerdigung kommen.« Unter höhnischem Gelächter verlässt der Mann die Veranstaltung.

Auch andere Anwesende sind anderer Meinung als der Anwalt, doch ihr Einwand ist unhörbar. Sie sind verstummt, der Bürgermeister und sein Vertreter, vor der Argumentation des Anwalts.

»Wenn man merkt«, sagt der Bürgermeister anderntags, »dass bei den Aussagen von dem Rechtsanwalt auch noch der ganze Saal geklatscht hat, da sind bei mir die Klappen runtergefallen, so dass ich mir gesagt hab: Robert, sei ruhig und halt deinen Mund.«

Der Anwalt, der da vorn unterm Kreuz stand, hatte ohne weitere Widerrede den Opfern die Leviten lesen können. Dass der verurteilte Täter gestanden habe, hatte er gesagt, sei kein Beweis seiner Schuld. Geständnisse könnten auch erzwungen werden. Und das rechtskräftige Urteil, das könne genauso wie im Fall des Strauß-Sohnes in der Revision jämmerlich platzen. Fest stehe jedenfalls, dass die Frauen, die Wilhelm Weigl lügenhaft der Vergewaltigung bezichtigten, verantwortlich seien für dessen Tod.

»Da sind nach dieser Versammlung Leute zu mir gekommen«, hatte der Herr Rechtsanwalt in eine Kamera gesagt, »Ältere und Jüngere, die haben gesagt, und manche mit Tränen in den Augen: ›Herr Rechtsanwalt, bei dem was Sie gesagt haben, haben wir gemerkt, dass Sie uns verstanden haben. Sie haben uns aus der Seele gesprochen.‹«

WINTER

Einige der Martinsgänse haben überlebt und wackeln an diesem klaren Tag flügelschlagend über die frostweiße Wiese, und die Hühner in ihrem zertretenen Terrain kommen zum Zaun, während die Enten vor einem Wasserloch ein seltsames Ritual vollziehen und ruckhaft mit ihren Köpfen nach vorn stoßen, als drohten sie einem unsichtbaren Feind. Drüben im Haus sitzt ein alter Mann am Tisch und schaut hinaus, hinüber zum Hof, den er nicht mehr betreten darf, und seine Frau bringt Stollen und gießt den Kaffee ein. »Koffeinfrei«, sagt sie, »sonst pumpert sein Herz.« Er sei ja doch schon alt. »Neunundsiebzig«, sagt er und lacht. »Ja, war eine gute Zeit dabei.«

»Wir waren gern hier in Weißbach«, sagt seine Frau, »aber jetzt nimmer.« Sie schiebt den Teller mit Stollen zum Gast. »Wir haben uns wohl gefühlt hier und haben auch da gern gewohnt. Aber jetzt nimmer.« Sie schüttelt müde den Kopf. »Jetzt nimmer.«

»Ich bin im September 1959 hergekommen«, erzählt der Mann, »und damals ist im Dorf die Dreschmaschine rumgegangen, von einem Haus zum andern, und da hat meine Schwägerin mich gefragt, ob ich für ihren Mann, der war ein bisschen gehbehindert, ob ich für ihn einspringe und für ihn dreschen könnte. Und das hab ich gemacht. Da haben die Leute im Dorf gleich gewusst, woher der Wind weht, und sie haben mich eigentlich« – er stockt und beginnt plötzlich zu weinen. »Sie haben mich dann gleich alle akzeptiert.«

Vor der großen Panoramascheibe liegt das sanft gewellte Hügelland, über dem die Dämmerung hängt.

»Und so ist es die Jahre hindurch weitergegangen. Wenn einer von mir ein Scheunentor ausgebessert haben wollte, hab ich das gemacht, unentgeltlich. Wenn ein Dachsparren ausgewechselt werden musste, hab ich das gemacht, wenn Hilfe auf dem Feld gebraucht wurde, hab ich geholfen. Und alles«, sagt er und lächelt jetzt, »alles geschah auch schon mit der Voraussicht, dass sie auch mir einmal helfen sollen, wenn ich mein Haus baue. Und sie haben mir ja auch schließlich alle geholfen.«

Das Haus habe er selber entworfen. Ein schönes großes Wohnzimmer sollte es haben und eine gute Wohnküche, das sei das Wichtigste gewesen. »Und wie es so weit war«, sagt er, »da sind die Bauern gekommen und haben umsonst für mich gearbeitet. In vier Wochen war das Dach gedeckt.« Er steht auf und zieht ein Album aus dem Regal. »Da«, sagt er und zeigt auf einen Rohbau, über dessen Dachbalken ein bändergeschmückter Kranz schwebt. Und er schaut auf das Foto und beginnt wieder zu weinen. »Die Zimmerleute sind auch gekommen. Sie sind gekommen und haben mir geholfen, weil ich ihnen auch geholfen hab. Sie haben mich alle nicht verlassen.«

Was damals Freundschaft und gegenseitige Achtung gewesen sei, das habe sich jetzt total verdreht, sagt er. »Wir sind isoliert vom ganzen Dorf.«

»Weil die Lene das nach so langer Zeit jetzt gesagt hat«, sagt die Frau. »Das hätt man eher sagen müssen, heißt es im Dorf, oder sie hätte schweigen müssen.« Sie schüttelt den Kopf und seufzt. »Dadurch, dass die Magdalene sich gewehrt hat, ist das explodiert. Jetzt sind wir die Bösen.«

»Die Lene war zwei Jahre alt, als wir hierhergekommen sind«, sagt der Mann. »Ich hab 1954 geheiratet, und drei Jahr später ist die Lene geboren worden.«

Die Lene sei immer fröhlich gewesen, sagt die Frau, und sie sei gern zu den Nachbarn gegangen und die Leute im Dorf hätten sie gemocht. »Die Leni«, sagt sie, »war immer sauber angezogen. Nie, dass sie nicht ordentlich und nett angezogen gewesen wäre. Und die ganzen Jahre hindurch hab ich nie das Gefühl gehabt, wir seien im Dorf nicht beliebt. Wir haben die Leute hier gemocht und sie uns.«

Draußen saust der Wind über die Äcker, und die Frau steht schwerfällig auf, der Rheumatismus, und verschwindet durch die große Glastür in den Garten zu den Hasen im Stall, und der Mann geht wieder hinüber zum Regal, aufrecht, doch mit kleinen Schritten, und kommt mit drei Fotos zurück. »Das ist sie«, sagt er und schiebt ein gerahmtes Portrait über den Tisch. Zu sehen ist eine junge Frau mit kleinem Lächeln, großen braunen Augen, dunkelblonden Locken, eine Frau, deren Distanz zum Betrachter nicht nur durch die vom Fotografen gewünschte Pose entstanden ist, durch diese übermäßig aufgerichtete Haltung, mit diesem leicht zur Seite geneigten Kopf. Es ist der gänzlich verschlossene Blick, über den das Lächeln nicht hinwegtäuschen kann.

Es ist das Foto einer hübschen jungen Frau in der Pose des All American Girl: adrett und künstlich und so ganz anders als das der Schwestern, der zweiten mit Brille und der dunkelhaarigen jüngsten. Die Lampe überm Tisch wirft ihr gelbes

Licht auf die lächelnden Geschwister, die einander nicht grün gewesen sind, die ganze Kindheit hindurch und bis vor kurzem nicht, die Lene und die Rita. »Die zwei Schwestern sind immer auf Konfrontation gewesen«, sagt der Mann. »Und jetzt, nachdem das rausgekommen ist, machen die nix mehr ohne einander. Die Rita hat gesagt: Mama, ich hab eine Schwester gekriegt. Jetzt hat sie erst eine Schwester gekriegt – stellen Sie sich das mal vor, es ist fünfzig Jahr bald her.«

»Jetzt erst«, ruft die Frau, während sie aus dem Dunkel wieder zum Tisch tritt, »jetzt erst hat die Rita begriffen, warum die Lene so war.«

»Ja«, sagt der Mann, »warum die Lene so schwierig war.«

»Der Lene ihre Freundinnen«, sagt die Frau, »die sagen heute: Wenn wir gespielt haben, hat die Lene gesagt: Oh, dorthin, zu dem Hof geh ich nicht. Warum geht ihr da jetzt erst recht hin? Ihr wisst doch, dass ich da nicht hin will.« Doch die Freundinnen hätten damals nicht verstehen können, warum sich die Lene so anstellt, und hätten gesagt: Die spinnt halt, die Lene. »Jetzt erst«, sagt die Frau, »jetzt erst kapieren die, warum das so war.«

Und während draußen die Welt versinkt und die Frau dem Gast Kaffee nachschenkt und ihm ein weiteres Stück Stollen auflegt, kehrt der alte Mann zurück in die Vergangenheit, in ein Leben, das ihm gut und erfolgreich schien und das er nun gezwungen ist ganz neu zu bewerten.

»Das Verhängnis mit dem Verurteilten, das begann, als die Rita geboren wurde«, sagt der Mann. »Und während meine Frau im Krankenhaus gewesen ist und die Rita auf die Welt kam und ich im Nachbarort auf Arbeit war, da hat der Saukerl mir mein Mädle derwischt.«

Der Mann habe der Lene weisgemacht, dass sie zu Hause, wenn sie was erzähle, nicht mehr gemocht werde. »Deine Mutter mag dich nimmer, wenn du was sagst«, habe er dem Kind gesagt, »die hat jetzt ein andres Mädle, das sie gern hat. Wenn du was sagst, dann müssen deine Eltern von hier fort.« Das habe dieser Mensch zu dem Kind gesagt.

»Und wir haben das gemerkt«, sagt der Mann, »dass die Lene sich verändert hat, aber wir haben gedacht, sie ist eifersüchtig auf die Schwester. Meine Frau war nach der Geburt kränklich, und sie hat gesagt: Lene, du musst jetzt selber laufen, du musst selbst die Treppen hoch ins Bett. Ich kann dich nicht mehr tragen. Und da sieht die Lene, wie die kleine Schwester getragen wird, und muss es hinnehmen. Und so haben wir immer aufgepasst, dass sie der Kleinen nichts antut.«

»Sie ist richtig bockig geworden, die Lene«, sagt die Frau.

»Ja«, sagt der Mann und beginnt wieder zu weinen, »ich hab sie deshalb öfters züchtigen müssen. Aber wir hätten es merken müssen.« Und er erzählt, wie die Lene im Garten gesessen war und stundenlang geschaukelt hat auf dem kleinen Schaukelstuhl, den er selbst für sie gemacht hatte. »Und während die Lene geschaukelt hat, hat sie immer da rübergeschaut, da rüber zum Nachbarshof«, und er streckt den Finger hin zum dunklen Fenster, »dorthin, wo der Kerl gewohnt hat.«

»Wir sind nicht draufkommen«, sagt die Frau, »was das bedeuten soll. Wir haben immer gedacht, es habe mit der Geburt der Schwester zu tun.«

»Also«, sagt der Mann, »wenn ich das damals erfahren hätte, was mir die Lene dreißig Jahre später unter Tränen gestanden hat, wie der andere Kerl sie das erste Mal gepackt hat – da war die Leni zehn –, den hätt' ich gestellt, der hätt' mir mein Mädle kein zweites Mal mehr angefasst. Ich hätt' ihn gestellt«, sagt der alte Mann, »und seinen Vater dazu, der hat es gewusst.« Und es wurde still im großen Wohnzimmer, auf das er immer noch stolz ist. Und dann beginnt er zu erzählen, wie das war, damals vor vierzig Jahren.

»Wir waren damals oben auf der Baustelle gewesen und hatten die Lene runtergeschickt, um Essen zu holen. Doch die Lene kam und kam nicht zurück. Wo blieb sie denn? Warum kam sie nicht mit dem Essen? Der Bauer hatte sie abgefangen und in den Hof gezogen. Und dort hat er sie vergewaltigt.«

Mann und Frau sitzen reglos am Tisch, und das warme Licht der Lampe fällt auf das Foto der lächelnden Lene.

»Und die Lene, die hat von mir noch Schläg gekriegt, weil sie nicht rechtzeitig mit dem Essen da war; und heut sagt sie: ›Ich hab ja damals gewusst, dass ich 's verdient hab, ich hab ja das Essen nicht gebracht‹ – können Sie sich da reindenken«, sagt der Mann. Er sitzt am Tisch vor einem Teller mit Weihnachtsstollen und starrt hinaus in die Dunkelheit.

»Ich weiß nicht, ob ich nicht mein Gewehr genommen hätt' und ihn erschossen hätt', den Hund.«

Die Magdalene war mit fünfzehn aus Weißbach fortgegangen. Sie habe darauf gedrängt, fort zu können. »Ich wollte es ihr nicht verwehren«, sagt der Mann, »und dort war sie ja in guten Händen. Sie ist zu den Diakonissen gegangen und hat eine Ausbildung begonnen. Sie wollte Krankenschwester werden und selbständig sein.«

»Sie wollte nicht als Versager dastehen«, sagt die Frau. Sie habe sich als Schul- und Lebensversager gesehen, habe sie ihr jetzt erst gesagt. »Sie wollte uns beweisen, dass sie auch was kann.«

»Doch dann hat sie Tabletten genommen«, sagt der Mann. »Die Klinik in München hat uns angerufen, unsere Tochter läge dort.«

»Das haben wir gar nicht so begriffen«, sagt die Frau, »das muss ich ehrlich sagen, da waren wir zu dumm dazu. Wir haben nicht nachgeforscht«, sagt sie. »Wir haben nicht gefragt, was hinter dem: ›aus Versehen zu viele Tabletten geschluckt‹ stecken könnte.«

»Wir haben es nicht gewusst und nicht gefragt«, sagt der Mann. Immer nur: »Mir geht's gut«, habe die Lene gesagt. Nichts anderes als dieses »Mir geht's gut« hätten sie von ihr gehört.

Am Morgen hatte die Pfarrerin im Gottesdienst Jesaia 40 zitiert, dieses »auf Adlerschwingen getragen«, das von der Erdenlast befreien könne, die manchen ja hier drücke, wie die Reisetasche damals, auf ihrer Reise durch Kanada sie auch gedrückt habe, sie und ihren Mann. Und sie hatte der Gemeinde, die an diesem dritten Advent aus acht Gläubigen bestand, ein gleichnamiges Lied verheißen, das sie gemeinsam mit ihrem Mann damals gesungen habe in Kanada, »von Adlerschwingen getragen«, eine schöne flotte Melodie – die Noten würden sich schon finden lassen –, und dann den Jesaia-Vers im Kopf, das Adler-Lied in der Kehle und Gott befohlen, damit ließe sich der Erdenschwere wohl entkommen. An diesem dritten Advent hatte sich aber noch kein Adler vor dem Gemeindesaal herabgelassen, um die Beladenen zu erheben, und so waren am Ende die acht Gläubigen im Altersdurchschnitt von siebzig durch den kalten Morgen mühselig und beladen zurückgekehrt in ihre gepflegten, vorweihnachtlich geschmückten Häuser.

»Wir waren gute Nachbarn«, sagt der alte Mann am Tisch. »Wir haben eine gute Nachbarschaft gehabt.«

»Wir waren wirklich gut miteinander«, sagt die Frau. »Doch am Abend des Tages, an dem sich der Bauer aufgehängt hat, da begann es furchtbar zu werden, und seit der Zeit ist es furchtbar geblieben, das Leben hier.«

Es sei der Entzug von Respekt, der sie so kränke, die Herabwürdigung und der Ausschluss aus der Gemeinschaft, das Nichtgrüßen, Nichtsehen, das Fortwünschen, der vollständige Ausschluss aus der Dorfgemeinschaft, was sie so verletze. Es sei nicht mehr zu ertragen hier, sagt sie. »Die Leute hassen uns jetzt.« Und all die Versuche mit Friedensgebeten und Friedensgesprächen, die Kirche und Politik unternommen hätten, die seien gescheitert. »Es wird lang dauern, bis es Frieden gibt im Dorf.«

»Ich werd's wohl nicht mehr erleben«, sagt der Mann. »Der Unfrieden wird über Generationen hin bleiben.«

Weshalb so lange?

»Weil die alteingesessenen Leute des Dorfes keinen Frieden wollen.«

»Ich hab zu meiner Lene gesagt«, sagt die Frau, »Lene, wenn du nach der Gerichtsverhandlung kommst, dann gibt's ein Weißbier, und wir sagen Schluss und sagen, jetzt wird wieder neu angefangen.« Und zehn Minuten vor ihrer Zeugenaussage sei ihrer Tochter ein Anwaltsbrief zugestellt worden, in dem ihr eine Schadensforderung von fünfzigtausend Euro angedroht wurde, falls sie an der Beschuldigung des toten Bauern festhalte. Und die Lene habe vor Gericht daran festgehalten.

»Für uns ist es verbrannte Erde«, sagt der Mann. »Wir haben hier keine Zukunft mehr.« Die jüngste Tochter mit den Enkeln und dem Schwiegersohn sei schon vertrieben worden. Sie beide würden es auch nicht mehr lang hier aushalten.

»Die, die meine Tochter in den Dreck gezogen haben«, sagt die Frau, »die Weißbacher, die beim Auftritt des Anwalts im Gemeindesaal unsere Tochter als Lügnerin und Hure beschimpft haben, denen verzeih ich so schnell nicht. Wenn der Dienstagabend nicht gewesen wäre, dann wär es anders worden.« Und sie steht mühsam auf, und das Jammervolle ist jetzt einem Ausdruck großer Entschiedenheit gewichen.

»Wenn ich auch Christin bin«, sagt sie, »das verzeihe ich denen nicht. Nie.«

»Sollen sie in ihrem Sumpf ersticken«, sagt der Mann.

»Ist mir gleich«, sagt er. »Ist mir egal. Bin drüber weg.«

OSTERN

Weißbach liegt ganz in Weiß, und vom Turm auf dem Hügel läuten die Glocken und künden vom Ende allen Leids. Eine frohe Botschaft, die den Gläubigen gilt. Wer nicht glaubt, muss weiter leiden bis in alle Ewigkeit, und manchmal auch, wer glaubt. Der Kirchenchor und die Posaunen schmettern ihr Gotteslob in diesen Ostersonntag, doch die Angehörigen der missbrauchten Frauen und Kinder hören es nicht. Sie sind zum Gottesdienst nicht eingeladen.

Es sei ihm ein Hoffnungsschimmer gewesen, dass Bosheit und Niedertracht im Dorf überwunden werden könnten, sagte der Ehemann einer der Frauen, überwunden durch Gespräche, die damals vor Weihnachten von Kirche und Politik initiiert worden waren. Angeleitet von neutralen Vermittlern sollten die Dorfbewohner ein neues Miteinander lernen und beginnen, Wut und Angst zu überwinden, um wieder in Frieden miteinander leben zu können.

Er selbst habe gute Erfahrung damit gemacht. Opfer- und Täterseiten hätten an einem Tisch ausgehalten, ohne übereinander herzufallen. »Diese Mediation hat einige Sympathisanten anders orientiert«, sagte er. Da habe es eine Entspannung gegeben. Ein Lichtblick sei das gewesen, dass einige Menschen im Dorf vielleicht doch Mitgefühl aufbringen könnten für die Opfer. Aber Brücken zu bauen, habe die Mediation letztlich nicht vermocht. »Für den harten Kern«, sagte er, »haben die Gespräche nichts gebracht.« Da hinein könne eine Mediation nicht vordringen. Da könne nur irgendwann der Tod Abhilfe bringen.

Im vergangenen Frühjahr noch hatte der Ortssprecher auf eine überörtliche Hilfe gehofft, damals, als das Kesseltreiben gegen die Frauen begonnen hatte: »Ich hätte fast gesagt, wir brauchen eine Löschhilfe, wie's bei der Feuerwehr heißt. Denn wenn sich hier nichts ändert – da geht man ja kaputt.« Die Leute hier seien wie vernagelt, hatte der Ortssprecher gesagt, und er wisse nicht, warum. Und er hatte den Kopf geschüttelt und in seiner bedächtigen Art noch einmal festgestellt: »Wenn sich da nichts ändert, geht man innerlich kaputt.«

Es habe sich nichts geändert, sagt der Ortssprecher jetzt, der inzwischen kein Ortssprecher mehr ist. Er war von seinem Amt zurückgetreten, nach jenem Auftritt des Anwalts im Gemeindesaal. Er hatte diese Veranstaltung nicht selbst miterlebt, doch als er vom Schichtdienst nach Hause gekommen war und den Bericht seiner Frau gehört und den Auftritt des Anwalts im Fernsehen gesehen hatte, da sei er anderntags zurückgetreten vom Amt. Diese Menschen, diese Mehrheit im Dorf, die die Verhöhnung der Opfer beklatscht hätte, die habe er nicht mehr vertreten können.

Wer hat Schuld am Unfrieden in Weißbach?

Für den Rechtsanwalt der Hinterbliebenen steht fest, Schuld hat Magdalene Miller.

Schuld hat der Täter, sagt der Richter.

Schuld haben die sogenannten Opfer, heißt es im Dorf.

Schuld sei der Bauernstolz, sagen die einen, und Schuld trügen Kirche und Politik, sagen andere.

Er verstehe jetzt, sagt der Regionalbischof, dass sich die Hinterbliebenen des Großbauern den Anwalt genommen hätten.

Warum, Herr Bischof, das Verständnis?

Er hielte es für richtig, sagt er, dass die Familie sich aller rechtlichen Möglichkeiten bediene, um nicht in Sippenhaft genommen zu werden.

In Sippenhaft? Durch wen?

»Ja«, sagt der Bischof nach kleinem Zögern, »durch die Medien.«

Das Dorf will seine Ruhe. Vor allem die Journalisten sollen verschwinden. Sie sollen gehen, woher sie gekommen sind; sollen das Dorf endlich in Ruhe lassen.

Einer Journalistin hat man bereits mit der Heugabel auf den Weg geholfen. Jetzt werden die Hunde losgelassen. Die Dorfstraße herab kommt ein Schäferhund gerannt und stellt mich knurrend. Oben vor dem Hoftor steht die Besitzerin und harrt der Dinge, die da geschehen mögen. Der Hund kehrt schließlich um. Das Hoftor fällt zu.

»Die Leute beharren auf ihrer Meinung«, sagt die Bärenwirtin. »Die Taten, die zur Debatte stehen, hat außer den Opfern keiner miterlebt.« So bleibe es eben eine Glaubenssache. »Und weitere Opfer trauen sich nicht mehr aus der Deckung, weil sie sehen, was mit den Betroffenen geschehen ist und noch geschieht. Und die andere Glaubenssache, die heißt: Da war nie was Böses gewesen, höchstens ein Dummer-Jungen-Streich.«

Die Vorfälle, sagt die Wirtin, die könne man nicht mehr bereinigen, aber man könne versuchen, sie aufzuarbeiten. »Doch wenn da nicht ein Wunder passiert, wird das Geschehen ewig im Raum stehen.«

Halali

Zwei Jahre später zählt Weißbach zehn Einwohner weniger. Die Verwandten der Magdalene Miller sind weggezogen. Magdalenes Vater ist gestorben, »an der Kränkung«, sagt seine Frau. Sie lebt jetzt bei einem ihrer Kinder in der Stadt. Das große Haus, zum Generationenhaus ausgebaut, steht seitdem leer.

Gertraud Bachmeier hat trotz ihrer seelisch bedingten Krankheiten mit einer Ausbildung zur Heilpraktikerin begonnen. Da erleidet ihr Mann einen schweren Zusammenbruch und wird arbeitsunfähig. Die Ärzte, sagt Gertraud, seien sich sicher, dass die belastende Situation im Dorf der Auslöser gewesen sei. Sie und ihr Mann könnten es sich aber nicht leisten, wegzuziehen, ohne zuvor das Haus verkauft zu haben. Doch wer, sagt Gertraud, wer wolle in diesem Ort schon ein Haus kaufen?

Der Mann ihrer Nichte musste in psychiatrische Behandlung.

Er habe die Angst seiner Frau und die zunehmende Missachtung und Feindseligkeit der Dorfbewohner nicht mehr verkraften können.

Der ehemalige Ortsvorsteher ist magenkrank geworden und hat den Ort mit seiner Familie verlassen. Es gehe ihm seither besser.

Für Magdalene Miller ist die Entscheidung zur Anzeige der Beginn einer Heilung. Sie sei auf dem Weg, Selbstachtung zu finden und Frieden mit sich und der Vergangenheit zu schließen.

Seit kurzem bezieht Gertraud Bachmeier eine kleine Opferrente. Zwei Gutachten und ein Gerichtsprozess haben zur Anerkennung der Tat und ihrer gesundheitlichen Folgen geführt.

»Es hört nicht auf. Es wird nur anders«, habe kürzlich ein Missbrauchsopfer geschrieben. »Ja, es wird anders und auch irgendwie besser«, sagt Gertraud. Und: »Wir würden es wieder tun. Wir würden das Unrecht wieder anzeigen.« Sie und die andern Frauen würden es trotz allem wieder tun.

Der Fall Schubert

Im Sommer 2002 verurteilte das Landgericht in D. den Studienrat Bernhard Schubert zu fünf Jahren Haft ohne Bewährung. Das Gericht hatte den Lehrer für Biologie und Sport für schuldig befunden, seine Kollegin Susanne Hertel während der Schulpause im Biologieraum vergewaltigt zu haben. Bis zuletzt hatte der Lehrer Schubert seine Unschuld beteuert.

Zwei Jahre nach Verbüßung seiner Haftstrafe, die Schubert in vollem Umfang absaß, weil er weiterhin entschieden auf seiner Unschuld beharrte und sich einer Sexualtherapie verweigert hatte, machte sich ein Anwalt aus Berlin auf die Suche nach der Wahrheit. Nach monatelanger Recherchearbeit hatte er schließlich derart solides Beweismaterial zusammengetragen, dass er den Antrag auf ein Wiederaufnahmeverfahren darauf stützen konnte. Dem Antrag wurde stattgegeben und das Verfahren eröffnet.

Zehn Jahre nach seiner Verurteilung, fünf Jahre nach der Haftverbüßung wird Bernhard Schubert von der großen Strafkammer des Landgerichts in K. wegen erwiesener Unschuld freigesprochen.

Er wolle ein kleines Essen vorbereiten, hatte Rechtsanwalt Lierow gesagt, und mir währenddessen vom Fall Schubert erzählen. Das Essen musste schließlich ausfallen, aber der Rotwein hatte die richtige Temperatur, das Mikrophon war gut platziert, und Hartmut Lierow begann auf diese faktische Art, die einem komplizierten Sachverhalt Klarheit verleiht, die Geschichte eines Justizirrtums zu erzählen.

An einem Dienstag im August hatte es an der Gesamtschule einer hessischen Kleinstadt zur zweiten Pause geläutet. Fünfzehn Minuten hatten Schüler und Lehrer nun Zeit, den Unterrichtsraum zu verlassen, hinauszutreten auf den sommerwarmen Schulhof, ein bisschen zu schwatzen oder sich auf die nächste Unterrichtsstunde vorzubereiten. Susanne Hertel, die junge attraktive Lehrerin für Deutsch und Biologie und seit drei Wochen erst an dieser Schule tätig, stieg hoch zum ersten Stock des Neubaus und betrat Zimmer 506, den Fachraum für Biologie. Sie war dabei, einen Versuch vorzubereiten, als Bernhard Schubert, der Fachbereichsleiter für Biologie in den Raum trat. Es sei, wird Frau Hertel später aussagen, etwa fünf Minuten nach Beginn der Pause gewesen, als Herr Schubert den Raum betreten habe. Schubert begann ein Gespräch mit der Kollegin, das nach Feststellung des Gerichts folgendermaßen verlief:

Zwischen ihr und dem Angeklagten entwickelte sich zuerst ein belangloses Gespräch. Da die Zeugin nur wenig interessiert an diesem Gespräch teilnahm und an den Versuchsvorbereitungen weiterarbeitete, wurde der Angeklagte ärgerlich. Er habe deshalb erneut begonnen, über den Fachvorsitz und eine Einarbeitungsphase durch ihn zu sprechen und

habe schließlich den Entschluss gefasst, der Zeugin seine Über-
legenheit zu demonstrieren und sie durch gewaltsame sexuelle
Handlungen zu demütigen.

Mit seiner rechten Hand schob der Angeklagte seine Trai-
ningshose und Unterhose herunter. Dann hob er den knöchel-
langen, an der linken Seite offenen Wickelrock der Zeugin
zur Seite, fixierte den Rock mit seinen Knien, schob den
Stringtanga der Zeugin beiseite und drang mit seinem
erigierten Glied bewusst und gegen den Willen der Zeugin in
ihren After ein.

Acht Tage nach ihrer Vergewaltigung hatte Susanne Hertel folgende Aussage bei der Polizei zu Protokoll gegeben:

»Während der ganzen Zeit, als er mich festgehalten und ver-
gewaltigt hat, hat er mich verbal bedroht. Wenn ich nur ein
Wort sagen würde, wären ich und mein Sohn tot.« Der Lehrer
Schubert habe außerdem gesagt, ihr würde ohnehin niemand
glauben. Er hingegen habe sehr gute Beziehungen zu Kripo,
Schulamt und Landrat.

Irgendwann habe sie sich losreißen können, doch in diesem
Moment habe der Angeklagte sie auch schon an den Oberarmen
gepackt und gleichzeitig ihren Rücken fest an den Tresen gedrückt, wobei er wiederum seinen Körper, insbesondere seinen
Unterleib eingesetzt habe. Er habe sie dabei so eingeklemmt,
dass sie sich kaum noch habe wehren können. Schubert habe
nun begonnen sie zu treten, zu boxen und in den Genitalbereich zu kneifen, so dass sie schließlich voller Kratzer und
blauer Flecken gewesen sei und unter starken Schmerzen gelitten habe. Gleichzeitig habe Schubert ihr mit seinem linken Un-
terarm derart gegen den Hals gedrückt, dass sie kaum noch

Luft bekommen habe und nicht mehr habe schreien können, während er nun versucht habe, sie vaginal zu vergewaltigen.

Da habe sie erneut versucht sich zu befreien, was ihr durch einen Stoß mit dem rechten Knie in den Genitalbereich des Angeklagten auch gelungen sei. Sie habe jetzt nur noch laut geschrien und sei aus der Tür in den Flur und dort bis ans Ende zur Treppe gelaufen. Der Lehrer Schubert habe ihr die Worte nachgerufen: »Ich krieg dich schon noch. Wenn keiner mehr damit rechnet, dann krieg ich dich.«

In Panik und weinend sei sie davongestürzt und über die Außentreppe, eine Feuertreppe, hinuntergelaufen in den Schulhof. Dort habe sie sich in die Büsche des Schulhofs geflüchtet, sich darin versteckt und übergeben. In dem Moment sei die Pause zu Ende gegangen und der Unterricht habe für sie, die Lehrerin Hertel, erneut begonnen.

Von den Büschen am Ende der Außentreppe sei sie nunmehr über den Schulhof direkt und ohne Umweg zum Hauptgebäude gelaufen und habe dort den Klassenraum 203 pünktlich zum Deutschunterricht in der Klasse 11a betreten. Dort habe sie den Unterricht in der 5. und 6. Stunde abgehalten, daran aber bis heute keine Erinnerung mehr.

Morgens um halb neun an einem Tag im September hatten sechs Polizeibeamte vor Bernhard Schuberts Haustür gestanden. Zwei sicherten das Grundstück, vier betraten das Haus. Sie zeigten Schubert den Haftbefehl und forderten ihn auf, mitzukommen. Er sei schockiert gewesen, wird Schubert später sagen, von dem, was er da gelesen habe. Das könne nur ein furchtbarer Irrtum sein, sagte er den Beamten, und kochte erst mal für alle Kaffee.

Der Haftrichter, dem er vorgeführt wurde, entließ ihn gegen Auflagen wieder nach Hause. Doch die Staatsanwaltschaft hob die Verfügung des Haftrichters auf, und Bernhard Schubert landete vierzehn Tage später in Untersuchungshaft. Er war vom Schuldienst suspendiert worden. Freunde, Bekannte und Kollegen wandten sich von ihm ab. Nur die Eltern und seine Tochter waren von seiner Unschuld überzeugt. Sie habe ihren Vater nie als Täter gesehen, wird die Tochter nach dem Freispruch sagen.

Eine Hoffnung war dem Angeklagten Schubert in der Untersuchungshaft geblieben. Bald, so glaubte er, würden sich die Vorwürfe gegen ihn in Luft auflösen. Ein von Zeugen bestätigter Vorfall werde helfen, seine Unschuld zu beweisen.

An einem schulfreien Tag im Herbst, drei Wochen nach der Tat, war Susanne Hertel im Beisein ihrer Eltern auf dem Marktplatz in B. dem Angeklagten begegnet. Der Angeklagte sei drohend auf sie zugekommen, sagte Hertel noch am selben Tag bei der Polizei aus, und habe, als sie in Panik weggelaufen sei, ihr hinterhergerufen: »Ich krieg dich noch, auch wenn du nicht mehr damit rechnest.« Das sei der gleiche Spruch gewesen, sagte Frau Hertel, den er ihr auch unmittelbar nach der Tat hinterhergerufen habe, als sie nach der Vergewaltigung aus dem Vorbereitungsraum weggelaufen sei. Ihre Eltern bestätigten die Begegnung.

Die Polizei löste daraufhin eine Großfahndung nach Bernhard Schubert aus. Sie fand ihn in Untersuchungshaft. Zur Zeit der angeblichen Begegnung auf dem Marktplatz saß Bernhard Schubert bereits seit einer Woche ein.

Er habe sich, wird der Lehrer Schubert zehn Jahre später sagen, damals in der Untersuchungshaft an die Hoffnung geklammert, dass diese Behauptung der Zeugin Hertel ein Beweis ihrer Lügenhaftigkeit und seiner Unschuld sein werde. Aber acht Monate später, am dritten Verhandlungstag vor dem Landgericht in D., musste er alle Hoffnung fahrenlassen.

Susanne Hertel, zu diesem Zeitpunkt sechsunddreißig, war wie an den Tagen zuvor in Begleitung zweier Betreuerinnen im Gerichtssaal erschienen. Sie stützten die zierliche Frau, deren Erscheinung und Auftreten ihr auf Anhieb die Sympathien von Männern wie von Frauen eintrug. In ihrem dunkelblauen Kostüm, mit dem zum Zopf geflochtenen Haar, den während der Verhandlung wiederkehrenden Weinkrämpfen war sie das Inbild der schönen und schutzbedürftigen Frau.

An diesem dritten Verhandlungstag wurde ein Beweisantrag der Verteidigung vom Gericht verworfen. Die Eltern des Opfers Hertel sollten als Zeugen zu dem Vorfall auf dem Marktplatz befragt werden. Sie hatten auf zehn von den Ermittlern vorgelegten Fotos Bernhard Schubert, den sie nur ein einziges Mal aus einigen Metern Entfernung auf dem belebten Marktplatz gesehen hatten, zweifelsfrei identifiziert.

Das Gericht lehnte die Vorladung der Eltern ab.

Da der Vorfall gar nicht stattgefunden habe, beruhe die polizeiliche Aussage der Eltern auf einer Täuschung, so die Begründung. Dem Vorwurf der Verteidigung einer vorsätzlichen lügenhaften Behauptung des Opfers widersprach der psychologische Gutachter. Derartige Fehlleistungen seien typisch für posttraumatische Belastungsstörungen, unter denen viele Opfer einer verbrecherischen Tat litten.

Das Gericht war den Ausführungen des Gutachters uneinge-
schränkt gefolgt.

Damals, in einer Verhandlungspause, sagt der Anwalt Lierow,
hätten prozessbeobachtende Journalisten Bernhard Schuberts
Vater gegenüber geäußert, dass hier irgendetwas grundlegend
falsch laufe. »Ihr Sohn«, hätten sie zu ihm gesagt, »Ihr Sohn hat
vor dieser Kammer keine Chance.«

Bernhard Schubert ist kein einfacher Charakter. Er liebt flotte
Autos, flotte Frauen und flotte Sprüche, mit denen er bereits
etliche seiner Kollegen und Kolleginnen düpiert hatte. Er sei
jemand, der sich selbst überschätze und nach Alkoholgenuss aus-
fällig werden könne, hieß es seit langem über ihn. Einmal hatte
der Rektor ihn vor Unterrichtsbeginn in noch alkoholisiertem
Zustand angetroffen und ihn umgehend nach Hause gebracht.
Die Schulakte vermerkt etliche solcher durch Alkoholprobleme
verursachten Vorkommnisse.

Schubert sei aber ein engagierter Lehrer, hieß es auch, ein
»Klassepädagoge«. Das attestierten ihm jedenfalls etliche seiner
Kollegen. Solidarität mit ihm jedoch zeigte keiner. Als die Vorwürfe publik wurden, wandten sie sich von ihm ab. Nicht, weil
sie ihm die Vergewaltigung zugetraut hätten. Die wenigsten
waren davon überzeugt. Aber alle glaubten der Zeugin.

Als einziger Zeuge aus dem Kollegenkreis des Angeklagten
wird der Schulleiter Liebknecht in der Hauptverhandlung sagen,
er habe gewisse Zweifel an der Richtigkeit der Aussage von Frau
Hertel. Er sei von einem Schuljuristen vor ihr gewarnt worden,
da sie als äußerst unkollegial bekannt sei. Außerdem, wird der
Schulleiter sagen, sei ihm aufgefallen, dass Frau Hertel ein star-

kes Geltungsbedürfnis habe, was darin zum Ausdruck gekommen sei, dass sie während der kurzen Zeit, in der sie an seiner Schule aktiv Dienst tat, sechzehn Mal bei ihm vorgesprochen habe, um zu erwirken, verstärkt in der Oberstufe eingesetzt zu werden.

Ihr Charisma aber, sagt Lierow und sagen die Kollegen, habe Susanne Hertel wie mit einem Mantel der Glaubwürdigkeit umgeben. Keiner sonst habe an ihrer Geschichte gezweifelt. Keiner habe gewagt, offen daran zu zweifeln.

Am fünften Verhandlungstag erging das Urteil.

Die Überzeugung der Kammer von der Täterschaft des Angeklagten fußt in erster Linie auf den Bekundungen der Zeugin Hertel. Die Kammer folgt ihrer Aussage in vollem Umfang.

Nach Ansicht der erkennenden Strafkammer war es ausgeschlossen, dass die Zeugin den Angeklagten wider besseres Wissen der Tat falsch bezichtigt hatte. Die Zeugin habe trotz der starken emotionalen und psychischen Belastung ihre Aussage ruhig und sachlich und ohne jeden Belastungseifer gemacht.

Sie sei während ihrer Zeugenvernehmung nicht in der Lage gewesen, den Angeklagten anzusehen, und habe bei der Schilderung der eigentlichen Tat häufig geweint. Nach der festen Überzeugung der Kammer sei das aufgrund des persönlichen Eindrucks in der Hauptverhandlung nicht geschauspielert gewesen. Ein Motiv für eine unrechtmäßige Beschuldigung sei nicht vorhanden gewesen, so die Urteilsbegründung.

Die Vermutung des Angeklagten, die Zeugin habe ihn aus

seiner Stelle drängen wollen, um sie zu übernehmen, sei nicht nachvollziehbar.

Das Gericht befand den Studienrat Bernhard Schubert für schuldig, Susanne Hertel vergewaltigt zu haben, und verurteilte ihn zu fünf Jahren Haft. Ein Strafmaß, das mit neun Monaten über dem vom Staatsanwalt geforderten zur Höchststrafe wurde.

Bernhard Schubert, sagt Rechtsanwalt Lierow, sei zunächst nach Hadamar gebracht worden, in eine psychiatrische Klinik. Dort sei nicht nur die Behandlung seines Alkoholproblems angeordnet gewesen, sondern auch die Teilnahme an einer Sexualtherapie. Wie seine Mithäftlinge sollte auch Schubert als Erstes einen Brief an das Opfer schreiben und sich für seine Tat entschuldigen. Das habe er jedoch hartnäckig verweigert, sagt Lierow, und darauf verwiesen, dass umgekehrt er als das wahre Opfer einen Brief erwarte. Die Verweigerung habe ihm erst Drohungen eingebracht, dann Strafverschärfung. Und als auch die Lockung mit Vergünstigungen nicht half, als Schubert uneinsichtig, wie es hieß, blieb und er seine Tat nicht eingestehen wollte, galt er der Anstaltsleitung als jemand, bei dem alle Bemühungen »sinnlos« seien. Er sei, wie man das im Vollzug nenne, »sinnlos geschrieben« worden. Der Mensch Bernhard Schubert sei zu einer sinnlosen Existenz erklärt worden.

Nach zwei Jahren Psychiatrie sei Schubert in den Strafvollzug verbracht worden und habe dort als Vergewaltiger in der Gefängnishierarchie ganz unten gestanden. Er sei als Lehrer bestimmt auch ein Pädophiler, hätten die Mithäftlinge vermutet. Und Pädophile, sagt Lierow, stünden im Knast noch unter den Vergewaltigern. Sie gälten als die Verachtetsten im Gefängnis.

Und da die meisten Häftlinge dem Elternhaus und der Schule die Schuld für ihr Scheitern gäben, hätten sie nicht nur den Pädophilen und Vergewaltiger gedemütigt, sondern auch Schubert als Lehrer stellvertretend für all die bösartigen Eltern und Lehrer verprügelt und vergewaltigt.

Sein späterer Mandant habe oft Selbstmordabsichten gehabt, sagt Lierow, und einzig die Zuwendung eines Gefängnisseelsorgers und die Liebe seiner Eltern und Tochter hätten ihn dieses Leben schließlich durchhalten lassen.

Als einer, der nicht geständig war, sagt Lierow, als einer, der keine Reue zeigte, habe Schubert nicht arbeiten dürfen.

So habe er, um nicht verrückt zu werden, ein Fernstudium zum Diplom-Sportmanager begonnen. Ein Projekt, das von der Gefängnisleitung negativ aufgenommen worden sei. Man habe von ihm erwartet, dass er sich mit seiner Schuld auseinandersetze, und nicht, dass er sich in Unschuldsphantasien einrichte. Und da auch seine Eltern am Glauben an seine Unschuld festhielten, hätte der Gefängnispsychologe eine Familientherapie für notwendig befunden, damit die Eltern nicht länger »seine Unschuldsbehauptung stabilisieren können«.

Der Gerichtsgutachter hatte in seiner Prognose von »charakterlicher Verwahrlosung« gesprochen und davon, dass nach Alkoholkonsum auch in Zukunft ähnlich rechtswidrige Taten von Bernhard Schubert zu erwarten seien. So habe er ständig aufpassen müssen, hatte Schubert nach seinem Freispruch in einem Interview gesagt, während seiner Haftzeit nicht auszurasten, denn er hatte den Eindruck, dass man nur nach Gründen für seine Sicherungsverwahrung suchte.

Knapp drei Monate vor der vollständigen Verbüßung der

Haftstrafe wurde Schuberts Eingabe auf Vollzugslockerung vom Landgericht in D. folgendermaßen beschieden:

Eine reelle Chance, dass der Verurteilte im Fall einer Aussetzung der Reststrafe nicht wieder straffällig wird, vermag das Gericht nicht zu erkennen.

Das Oberlandesgericht bestätigte den Beschluss.

Dass der Verurteilte beabsichtigt, zu seinen Eltern zu ziehen, ist vielmehr prognostisch eher ungünstig. Die Herkunftsfamilie des Verurteilten hat nämlich die vom Verurteilten während des gesamten Maßregelvollzugs vertretene Theorie, dass seine Verurteilung das Ergebnis einer gegen ihn gerichteten Verschwörung darstelle, geteilt, weil zuzugeben, dass der Verurteilte das Delikt begangen habe, eine »tödliche Bedrohung« für die Familie bedeutet. Es steht zu befürchten, dass der enge Kontakt zu seiner Familie den Verurteilten in seinen bisherigen Bewältigungsstrategien bestärkt, also den Bewältigungsprozess eher hindert als unterstützt.

Das OLG, sagt Lierow, hatte Schubert damit am Ende seiner Haftzeit als »gefährlich« eingestuft und seine Familie als einer Verschwörungstheorie anhängende Paranoiker verunglimpft.

Nach seiner Entlassung sei er, Schubert, keineswegs ein freier Mann gewesen. Mit dem Stempel »sinnlos« sei er unter »konzentrierte Führungsaufsicht« gestellt worden, mit der Auflage, sich alle zwei Wochen beim Bewährungshelfer zu melden.

Sein Haus, sein Auto hatten verkauft werden müssen. Er hatte keine Arbeit mehr und keine Bleibe, war wieder bei seiner

Mutter eingezogen und lebte von Hartz IV. Sein Vater sei vor Gram über das Schicksal des Sohnes krank geworden und war gestorben.

Keine Schule habe einen derart Vorbestraften wieder beschäftigen wollen, sagt Lierow. Einmal habe ihn ein Verwandter in seinem Betrieb eingestellt. Doch in dem Unternehmen seien vorwiegend Frauen beschäftigt gewesen, die bald von seiner Verurteilung erfahren hätten. So habe er dort nicht länger bleiben können.

»Zu den fünf Jahren Haft«, sagt Lierow, »sind nun noch einmal fünf Jahre Führungsaufsicht gekommen. Und wenn sich der Bundesgerichtshof mit der Bearbeitung der Revision Zeit lässt, dann kann es bis zur rechtskräftig gewordenen Freisprechung noch einmal ein Jahr dauern, bis Schubert seine Wiedereinstellung als Lehrer erwarten kann.«

Trotz der erwiesenen Unschuld habe Schubert erst mit einem rechtskräftig gewordenen Freispruch einen Rechtsanspruch auf eine erneute Anstellung, argumentiere die Schulbehörde.

Rechtsanwalt Lierow macht eine Pause und bringt feine dunkle Schokolade.

Und ich frage: Wie wahrheitssicher ist ein Gericht?

»Justizirrtümer«, sagt der Anwalt Lierow, »kommen nur durch Zufall ans Licht.« Man gehe davon aus, dass fünfundzwanzig Prozent der Urteile Fehlurteile seien. »Die meisten Fehlurteile ergehen dann, wenn es nur einen Zeugen und den Angeklagten gibt und objektive Beweismittel fehlen.« Unser rechtspolitischer Grundsatz heißt, sagt Rechtsanwalt Lierow, im Zweifel für den Angeklagten, und da müsse gerade bei Beziehungsdelikten die Möglichkeit eines verborgenen Motivs geprüft werden. Wenn so ein existierendes Motiv nicht ans Licht gebracht werden könne, wie etwa eine seelische Abartigkeit oder Rachegelüste, der Wunsch, sich von einem Despoten zu lösen, dann werde die Wahrheitssuche für das Gericht problematisch.

Er wundere sich, sagt Lierow, auf welch dünnem Eis manche Urteile stünden. Und obwohl er selbst als Anwalt oft mit Wahrscheinlichkeiten hantiere, ja hantieren müsse, hätte er nicht den Mut, darauf ein Urteil zu gründen. Ein Urteil, sagt er, dürfe ja eben nicht auf Grund von Wahrscheinlichkeiten gefällt werden. Es müsse auf der absolut sicheren Überzeugung stehen.

»Andrerseits, wenn ich auf der Basis einer Zeugenaussage niemanden mehr verurteilen kann, dann kann ich auch den Paragraphen bei Beziehungsdelikten in die Tonne treten. Es ist ein rechtspolitisches Dilemma.«

Der Lehrer Schubert wäre das Stigma des Vergewaltigers nie mehr losgeworden, wäre da nicht die Schwester des Rechtsanwalts Lierow gewesen, die ihn, Lierow, sechs Jahre nach Schuberts Verurteilung auf den Fall angesprochen habe.

»Sie war«, sagt er, »als sie mich anrief, dabei, einen Antrag auf Aussagegenehmigung beim Schulamt einzureichen, eine Genehmigung, die sie als Beamtin haben musste, um von der dienstlichen Schweigepflicht entbunden zu werden. Sie sagte mir, sie würde sich lebenslang Vorwürfe machen, wenn sich eines Tages herausstellte, Herr Schubert habe sich umgebracht, oder Frau Hertel habe ein weiteres Unheil angerichtet.« Seine Schwester habe diesen Fall nicht auf sich beruhen lassen können. Es sei vielmehr dringend geboten, die Rehabilitierung Schuberts zu erreichen.

»Meine Schwester ist die Frauenbeauftragte am staatlichen

Schulamt von D. Sie kannte Susanne Hertel seit deren Einstellungsgespräch. Sie war ihr auf Anhieb sympathisch gewesen, diese eloquente, gutaussehende Frau mit dem selbstbewussten Auftreten und der charismatischen Ausstrahlung, und die folgenden zufälligen Begegnungen und beruflichen Kontakte hatten diesen Eindruck nicht beschädigt.«

So sei es für seine Schwester damals, sechs Jahren zuvor selbstverständlich gewesen, nicht nur als Frauenbeauftragte, sondern auch als eine zugewandte Bekannte, Frau Hertel an zwei Tagen zu dem Prozess gegen Schubert zu begleiten. Zur moralischen Unterstützung, wie sie sagte. Mit detaillierten Fragen zum Tathergang habe seine Schwester Frau Hertel damals jedoch verschont. So etwas, habe sie gesagt, habe sie einem Opfer nicht antun wollen. Aufgefallen aber sei ihr einiges bereits an diesem ersten Prozesstag.

Sie habe Frau Hertel als eine vom Wesen her extrovertierte, sportliche Frau gekannt, die sehr gut Tennis spiele und den Kampfsport Kendo ausgeübt habe. Sie sei immer sehr weiblich gekleidet gewesen, wenn nicht gar ausgesprochen sexy, und hätte ihr schönes langes Haar nur offen getragen. Zum Prozess aber sei sie völlig anders gekleidet erschienen und habe sich auch anders gegeben als sonst.

Während des Verfahrens habe sie die Haare zu einem züchtigen Zopf geflochten und ein strenges dunkelblaues Kostüm getragen. Sie habe sich vor Gericht in Aussehen, Gestus und Auftreten nicht wie sonst als selbstbewusste Frau präsentiert, sondern als ein vom Schicksal mitgenommenes, zerbrechliches Mädchen. Auch später, sagt Lierow, habe seine Schwester an Susanne Hertel eine »anlassbezogene Wandlungsfähigkeit« und ein schauspielerisches Talent bemerkt. Zunächst aber sei sie selbst ein zuverlässiger Teil des »Unterstützersystems« der Susanne Hertel gewesen.

Im Verlauf der letzten Jahre nach Schuberts Verurteilung habe seine Schwester jedoch zahlreiche Beobachtungen an Frau Hertel gemacht, sagt Lierow, die sie schließlich davon überzeugt hätten, Susanne Hertel neige dazu, aus dem Stegreif zu Lasten anderer unwahre Geschichten zu erzählen. Die im Laufe der Jahre sich wiederholenden Lügenmuster hätten den Beobachtungen, die seine Schwester schon früher gemacht habe, ein völlig anderes Gewicht gegeben und hätten sie schließlich zu der Schlussfolgerung veranlasst, auch die Verurteilung des Angeklagten könne dann möglicherweise zu Unrecht geschehen sein und die Anschuldigung gegen Herrn Schubert frei erfunden.

Er habe seiner Schwester geantwortet, sagt Lierow, dass es schon einigermaßen pikant sei, wenn sich ausgerechnet eine Frauenbeauftragte auf die Seite eines rechtskräftig verurteilten Vergewaltigers schlage. Er habe ihr gesagt: »Verbrenn dir nicht die Finger. Wenn du ins Blaue hinein loslegst, kann das zu einer Verleumdungsklage führen.« Sie wisse ja nicht, habe er zu seiner Schwester gesagt, ob das damalige Urteil rechtskräftig geworden sei, ob Schubert überhaupt noch lebe. Sie wisse nicht, ob er einer Wiederaufnahme zustimmen würde und ob er nicht inzwischen ein Geständnis abgelegt habe. Zudem sei zu prüfen, ob es außer der Aussage von Frau Hertel noch andere Beweismittel gäbe, objektive Tatspuren wie zum Beispiel DNA-Spuren.

»Ich versuchte mit Argumenten eine Mauer zu errichten«, sagt Lierow, »vor deren Überwindung meine Schwester zurückschrecken würde, sprach ihr von den hohen Hürden, die das Strafprozessrecht dem Wiederaufnahmeverfahren setze, und wie wenig wahrscheinlich es sei, dass ihre Aussage dazu führe, dass das Verfahren gegen Herrn Schubert neu aufgerollt werde.«

Auf seine Einwände hin habe sich seine Schwester damals bereit erklärt, sich so lange zurückzuhalten, bis die von ihm genannten grundlegenden Dinge geklärt seien. »So habe ich begonnen, mich in den Fall einzuarbeiten«, sagt Lierow. »Und es hat allein ein paar Wochen gedauert, bis ich Bernhard Schubert gefunden hatte.

Es gehört nicht zum Berufsbild des deutschen Anwalts, eigene investigative Untersuchungen vorzunehmen. Wir haben auf dem Gebiet keine Erfahrung und werden dafür nicht honoriert. Vor allem haben wir nicht die Mittel dazu. Wir verteidigen auf der Basis der Ermittlungsergebnisse der Staatsanwaltschaft. Wir stellen den einen oder anderen Beweisantrag, zum mitunter verständlichen Ärger des Gerichts manchmal ins Blaue hinein, sei es notgedrungen, weil das Beweisantragsrecht eine konkrete Beweisbehauptung erfordert, sei es, um Verfahren in die Länge zu ziehen und das Gericht für Absprachen geneigt zu machen, meist jedoch, um damit einen Beitrag zur Wahrheitsfindung zu leisten.«

Nun habe er selbst die Ermittlungsarbeit aufgenommen und sei monatelang vielen Spuren nachgegangen. Und da er dabei auch einiges Glück gehabt habe, hätte das Nachforschen begonnen, ihm Spaß zu machen, und es sei schließlich wie bei einer Mathematikaufgabe gewesen, deren Lösung man mit Spannung und Hingabe betreibe.

Einen Tag vor Weihnachten hatte der Rechtsanwalt Lierow Bernhard Schubert gefunden. »Er witterte sofort eine Falle, als ich ihn kurz vor Weihnachten anrief«, sagt Lierow, »er glaubte, ich sei von Frau Hertel beauftragt und geschickt worden, als eine Art ›agent provocateur‹.« Schubert habe ihm sein Anliegen jedenfalls nicht geglaubt.

»Der Lehrer Bernhard Schubert hatte«, sagt Lierow, »nicht nur jedes Vertrauen in die Justiz verloren, sondern auch das in die Mitmenschen.«

Wochen später erst, nachdem er Kontakt zu Schuberts ehemaligem Anwalt habe knüpfen können und Akteneinsicht bekommen habe, habe sich Schubert schließlich einverstanden erklärt, dass er, Lierow, diesen Fall aufs Neue zu bearbeiten begänne. Die Verteidigung im Wiederaufnahmeverfahren sollte dann ein anderer übernehmen.

»Ich hatte damals gar nicht erwogen, die Verteidigung selbst zu übernehmen, da ich eine zivilrechtlich ausgerichtete Praxis habe. Ich habe mich erst entschlossen, Schubert die Verteidigung anzubieten, als ich beim Aktenstudium sah, dass seinerzeit weder die Staatsanwaltschaft noch das Gericht selbst bereit gewesen waren, eigentlich gebotenen Zweifeln nachzugehen.« Insgesamt sechzehn rote Ampeln habe die Spruchkammer damals überfahren.

In dem ersten Verfahren, sagt Lierow, sei Susanne Hertel der Kammer offenbar von vornherein als glaubwürdig erschienen. Ein Profil ihrer Persönlichkeit zu erstellen, habe man nicht für notwendig befunden. So habe er sich nun daran gemacht, das nachzuholen.

»Susanne Hertel war dreimal verheiratet, und alle drei Ehen sind gescheitert.« Das passiere ja mitunter mit Ehen, sagt Lierow, aber hier sei es dreimal unter äußerst unschönen Bedingungen geschehen.

Die erste Ehe der Susanne Hertel war nach einem Jahr wieder geschieden worden. Das Paar hatte sich bereits drei Jahre gekannt, ehe es heiratete. Susanne Hertel war attraktiv und auch von ihrem Wesen her auf den ersten Blick einnehmend. Nicht nur der Ehemann, auch seine Freunde waren von dieser Frau fasziniert. Bald nach der Hochzeit sei seine Frau ihm gegenüber immer aggressiver geworden, habe der erste Ehemann erzählt. Eine Aggressivität, die über das normale Maß ehelicher Auseinandersetzungen weit hinausgegangen sei. Seine Frau habe ohne erkennbaren Anlass oft Tobsuchtsanfälle bekommen und ständig versucht, ihn durch Launen, Forderungen oder Beschimpfungen zu terrorisieren. So habe sie mehrfach von ihm eingekaufte Lebensmittel auf den Boden geworfen und das von ihm in die Ehe eingebrachte Geschirr zerschmissen. Einmal habe sie angefangen, die gesamte Wohnungseinrichtung zu demolieren, nachdem er sich geringfügig zu einer Verabredung nach der Arbeit verspätet habe.

Während der einjährigen Ehe habe seine Frau ein Intrigenspiel begonnen, bei dem sie es meisterhaft verstanden habe, Menschen gegeneinander auszuspielen. »Binnen weniger Monate hatten sich meine Freunde allesamt von mir zurückgezogen, ohne Gründe dafür anzugeben.« Noch nach der Trennung habe seine geschiedene Frau wahrheitswidrig im Bekanntenkreis herumerzählt, er habe sie misshandelt. Eine Beziehungssituation, wie die mit seiner Exfrau habe er nie wieder erlebt und wolle er auch nicht mehr erleben.

Kurz nach ihrer Scheidung lernte Susanne Hertel ihren zweiten Ehemann kennen, sagt Lierow. Dem erzählte sie, von ihrem früheren Mann mehrfach misshandelt worden zu sein. Einmal habe er sie sogar die Treppe hinuntergeworfen und sie zu einer Abtreibung gezwungen, habe sie dem zweiten Ehemann erzählt. Ihre Scheidung sei daher eine Härtefallscheidung gewesen.

Der Mann habe großes Mitleid mit der Frau empfunden, sagt Lierow. Doch als ihm später klarwurde, dass derartige Beschuldigungen zum Repertoire seiner Frau gehörten, habe er den ersten Ehemann ausfindig gemacht und ihn gefragt, ob die Erzählungen seiner Frau wahr seien. Dieser habe in Abrede gestellt, seine Frau je misshandelt zu haben. Ein einziges Mal habe er ihr, als sie dabei gewesen sei, die Wohnungseinrichtung zu zertrümmern, und er sich nicht anders zu helfen gewusst habe, eine nicht kräftige Ohrfeige gegeben. Das habe sie dann im Bekanntenkreis zur brutalen Misshandlung hochstilisiert. Von einer Abtreibung wisse er nichts, erst recht nicht von einer solchen als Folge eines angeblichen, von ihm verursachten Treppensturzes. Es habe auch keine Härtefallscheidung gegeben, habe der erste Ehemann gesagt, sondern eine sogenannte KonventionalScheidung.

Während der zunächst außerehelichen Beziehung, so Lierow, sei der zweite Mann mehrfach aus der gemeinsamen Wohnung ausgezogen und zu seinen Eltern »geflohen«, weil seine spätere Frau zu Hause regelrecht getobt habe. Schließlich habe er die Beziehung abgebrochen.

Einige Monate danach habe seine spätere Frau festgestellt, dass sie schwanger war, und habe von sich aus die Beziehung zu ihm wieder gesucht. Sie habe auf eine Eheschließung gedrängt, denn das Kind benötige einen Vater, vor allem, weil es die Mutter voraussichtlich bald verlieren werde. Nach ärztlicher Einschätzung habe sie nur noch maximal sechs Jahre zu leben, habe sie erklärt. Aus diesem Grund habe er sich breitschlagen lassen, so der zweite Ehemann, sie zu heiraten. Das sei vor achtzehn Jahren gewesen.

Kurz nach der Geburt seines Sohnes sei seine Frau mit dem Kind zu ihren Eltern gezogen. Dort sei bereits vor der Geburt ein Kinderzimmer eingerichtet gewesen. Zum Scheidungstermin sei seine Frau in Begleitung von zwei Krankenschwestern bei Gericht erschienen und habe sich als sterbenskrank ausgegeben. Im Hinblick darauf habe er sich trotz der Kürze der Ehe und den Umständen, unter denen sie zustande gekommen war, einverstanden erklärt, mit ihr einen Unterhaltsvergleich über den nachehelichen Unterhalt zu schließen und habe sie, für eine faktisch nur wenige Wochen dauernde Ehe, mit achtzehntausend DM abgefunden.

Nach der Scheidung habe er im Bekanntenkreis erfahren, auch über ihn habe die Exfrau wahrheitswidrig behauptet, er habe sie misshandelt. Seinen Sohn habe er nie gesehen. Er habe lediglich regelmäßig Unterhalt für ihn bezahlt. Im Nachhinein habe er Zweifel, ob er überhaupt sein Sohn sei. Er habe es aber nie überprüft.

Die Beziehung und Ehe mit dieser Frau sei für ihn eine nachhaltig belastende Lebenserfahrung gewesen. Ihr zu begegnen sei ihm heute noch eine Horrorvorstellung. Aus diesem Grunde habe er auch keinen Kontakt zu seinem Sohn gesucht.

»Der Wiederaufnahme-Prozess lief schon eine Woche lang, als ich einen Anruf bekam«, sagt Lierow. Eine Frau aus Westfalen wollte wissen, ob der Name des angeblichen Opfers in Wirklichkeit ein anderer sei, als der in der Zeitung genannte. Ja, der Name sei verschlüsselt.

»Sie fragte mich«, sagt Lierow, »ob ich den richtigen Namen preisgeben dürfte. Sie verfolge nämlich die Berichterstattung vom ersten Tag an mit wachsender Aufregung und sehe hier die Handschrift ihrer ehemaligen Schwiegertochter. So erfuhr ich, dass Frau Hertel ein drittes Mal verheiratet war.«

Unser Sohn war so verliebt, habe die Frau am Telefon erzählt, dass er Druck auf seine Eltern ausgeübt habe, ihm sofort das gesamte Erbe zu überschreiben. Er wolle seiner Liebsten ein angemessenes Brautgeschenk machen können. Sie, die Eltern, hätten das abgelehnt.

Die Schwiegertochter habe ein großes neues Auto gefahren, das ihr ursprünglich ein wohlhabender Onkel habe schenken wollen, hätte sie dem Ehemann erzählt. Der Onkel aber sei plötzlich verstorben, und die Erben hätten das Versprechen des Verstorbenen nicht einlösen wollen, so dass sie jetzt auf den Kosten säße. So habe der Sohn sein eigenes Auto verkauft und einen Kredit aufgenommen, um das teure neue Auto seiner Frau zu finanzieren. Nach wenigen Monaten sei die Ehe geschieden worden und der Sohn wieder nach Hause zurückgekommen. Die geschiedene Frau habe das Auto und er die Schulden behalten.

»Auch als Lehrerin«, sagt Lierow, »blieb Susanne Hertel ihrem Umfeld nachhaltig in Erinnerung, obwohl sie oft nur wenige Monate an einer Schule unterrichtet hat.« Susanne Hertel habe innerhalb von acht Jahren neunmal die Schule gewechselt. Solange sie in die Zuständigkeit des Staatlichen Schulamtes in D. fiel, sei sie diejenige Lehrerin im Schulbezirk gewesen, die das Schulamt mit ihren Anliegen mit Abstand am meisten beschäftigt habe, habe der Leiter des Schulamtes gesagt. Sie habe sich oft widersprüchlich verhalten und Sondervorteile beansprucht, die keinem anderen Kollegen zugestanden würden.

Den häufigen Schulwechseln, sagt Lierow, käme im Leben der Susanne Hertel deshalb eine große Bedeutung zu, weil sie immer vor dem Hintergrund besonderer Ereignisse, Vorfälle und Konflikte erfolgt seien, die sich mit der Person Hertel und deren Verhalten verbanden.

An allen Schulen sei Frau Hertel zu Beginn ihrer Tätigkeit aufgrund ihres gewinnenden Aussehens und Benehmens mit offenen Armen aufgenommen worden, sagt Lierow. Eine Vielzahl von Kollegen hätte sich durch die neue Kollegin zunächst geradezu geblendet gefühlt. Sie besitze, das hätten ihr alle Befragten attestiert, charismatische Fähigkeiten, mit denen sie andere regelrecht in ihren Bann gezogen habe, und es habe unterschiedlich lange gedauert, bis sich diese wieder daraus hätten lösen können.

Frau Hertel habe eine unglaubliche Begabung gehabt, Kontakte zu knüpfen, habe ihr Fachbereichsleiter gesagt. Es sei geradezu phantastisch gewesen, zu sehen, wie erfolgreich sie darin war. Sie sei kaum drei, vier Wochen in einem Landkreis gewesen, da war sie schon mit dem Landrat bekannt, duzte sich mit dem Kreistagsabgeordneten und dem Chefarzt des Krankenhauses. Im Handumdrehen sei sie mit allen bekannt gewesen, die etwas zu sagen hatten.

Immer wieder jedoch hätten ihm Kollegen der Lehrerin Hertel über deren schnell sichtbar gewordene Kehrseite berichtet, sagt Lierow. Die meisten ihrer ehemaligen Kollegen – und er habe mehr als hundertfünfzig befragt –, hätten erzählt, dass Hertel bereits nach sehr kurzer Zeit einen Großteil des Kollegiums gegen sich aufgebracht habe. Von Hertel habe es bald allgemein geheißen, dass sie bereits lüge, wenn sie nur den Mund aufmache. Sie habe ständig versucht, Kollegen und Kolleginnen gegeneinander auszuspielen oder mit falschen Behauptungen gegeneinander aufzubringen. Die zuvor gute Stimmung an der Schule sei kurz nach Erscheinen von Frau Hertel im Sinkflug gewesen.

Susanne Hertel habe sich sehr bald als eine völlig andere Person entpuppt, als die sie sich gegeben und vorgestellt hatte, habe ihm ein Schulleiter erzählt. Sie sei anmaßend, autoritär und intrigant gewesen, und die Beschwerden über sie hätten sich gehäuft.

Als unter dem Druck des Personalrats schließlich ein Gespräch mit Frau Hertel zustande gekommen sei, habe sie sich am Tag darauf krank gemeldet und sei nicht wieder an der Schule gesehen worden. Später habe man erfahren, sie habe ihre Abordnung verlangt, mit der Begründung, sie sei an der Schule vergiftet worden. Monate nach dem Weggang der Lehrerin Hertel von seiner Schule, habe der Schulleiter einen Anruf von einem Kollegen erhalten. Der habe ihm mitgeteilt, dass Frau Hertel nunmehr bei ihm an der Schule sei und dort Unfrieden stifte. Auch habe sie einem Kollegen von ihrer Vergiftung an der vorigen Schule erzählt und behauptet, diese Vergiftung sei von einem namentlich nicht genannten, aber identifizierbaren Mitglied des dortigen Personalrats bewirkt worden, und zwar von dem führenden männlichen Mitglied, das damals Frau Hertel zur Rede gestellt habe. Das könne also nur er, der heutige Schulleiter, sein. Hertel hätte behauptet, sie habe Strafanzeige erstattet, und es würden Ermittlungen geführt.

Er habe daraufhin einen Schock erlitten, habe der Schulleiter zu Lierow gesagt, und sei richtig krank geworden. Er habe ja gewusst, dass Frau Hertel schon einmal einen Kollegen ins Gefängnis gebracht hatte mit einer Anschuldigung, die mittlerweile ein Großteil der Lehrerschaft für falsch halte. Nicht aus Kenntnis des Falls, sondern aus Kenntnis der Susanne Hertel.

»Dass die Strafkammer die Aussagen der Susanne Hertel damals nicht ausreichend hinterfragt hat«, sagt Lierow, »dafür gibt es einige mögliche Gründe. Das Gericht sah sich vor die Tatsache gestellt«, sagt er, »dass die Aussage des Opfers der Aussage des angeklagten, vermeintlichen Täters gegenüberstand.«

Bei Beziehungsdelikten gehe es ja meist um Glaubwürdigkeit. Wenn aber ein Gericht nicht ausreichend nachfrage, könne eine Art Glaubenslawine entstehen, sagt Lierow. Glaube die Polizei der Aussage des Opfers und reiche sie das Protokoll mit der Notiz weiter: »Opfer wirkt glaubwürdig«, wie im Prozess gegen Schubert geschehen, werde diese Einschätzung vom prüfenden Haftrichter und auch vom Untersuchungsrichter oftmals übernommen. Dann seien es bereits drei, die daran glaubten. Dazu kämen die Opfervereine, die der Zeugin glaubten, der Gutachter, der sich möglicherweise ebenfalls vom Glauben anstecken lasse, und so verlasse sich schließlich einer auf den andern, und es entstehe eine Art Glaubensgemeinschaft. In derartigen Fällen könnte ein Glaubwürdigkeits-Sachverständiger durch die Erstellung eines Gutachtens in der Regel bewirken, dass es mit dem Glauben schnell aufhöre.

Allerdings könne ein Gericht auch unter äußerem und innerem Druck stehen. Von innen sei es der Druck zum Erfolg, und erfolgreich sei ein Gericht, wenn es zur Verurteilung käme. Denn es sei ja so, dass vor Verfahrensbeginn nach Aktenlage in einem sogenannten Zwischenverfahren geprüft werde, mit welcher Wahrscheinlichkeit man mit einer Verurteilung rechnen könne. Und nur dann käme es auch zur Eröffnung des Hauptverfahrens. Ergäbe sich in dessen Verlauf nun ein Freispruch, wiese das auf eine fehlerhafte Einschätzung der Kammer hin. »Und das«, sagt Lierow, »betrachten einige Richter dann als Niederlage.«

Der äußere Druck hingegen sei ein Erwartungsdruck, der vornehmlich durch die Medien, aber auch von der Politik aufgebaut würde, und es bedürfe starker Richterpersönlichkeiten, um sich dem souverän zu entziehen.

Susanne Hertel war zur Zeit ihrer angeblichen Vergewaltigung an der Schule, an der auch Bernhard Schubert unterrichtete, ein unbeschriebenes Blatt. Sie war in den ersten drei Wochen ihrer Tätigkeit von Kolleginnen und Kollegen wie auch von Schülern beiderlei Geschlechts als eine schöne, anziehende Frau wahrgenommen worden, als engagierte Pädagogin, als alleinerziehende Mutter eines Sohnes. Der Angeklagte hingegen war ein problematischer Alkoholiker, der sich mehrfach peinliche Distanzlosigkeiten gegenüber Schülerinnen und Kolleginnen herausgenommen hatte und gegenüber einer früheren Freundin gewalttätig geworden sein soll.

»Die Kolleginnen und Kollegen, die als Zeugen aufgetreten waren, hatten allesamt Hertel Glauben geschenkt, gerade weil sie dem Angeklagten Schubert weit eher die Tat zutrauten als ihr eine gezielte Lüge. Frau Hertel hatte mit Geschick die Beschuldigung Schuberts und ihre Glaubwürdigkeit untermauert«, sagt Lierow.

»Sie hat an der Schule verbreitet, dass der Amtsarzt schwere

Verletzungen am Darm festgestellt habe.« Und mit dieser vorgeblichen amtsärztlichen Diagnose, die nie gestellt worden war, habe sie die Vergewaltigungsgeschichte fundamentiert und damit jenen den Mund gestopft, die vielleicht Zweifel an ihrer Geschichte hatten.

»An der Stelle war das Schicksal des Angeklagten weitgehend besiegelt. Ja, ich bin mir nicht sicher, ob man den Zug, als er einmal bergab fuhr, noch hätte aufhalten können.«

Seine Schwester, sagt Lierow, habe als Frauenbeauftragte über die Jahre zahlreiche Beschwerden von Frau Hertel erhalten, und es habe sich darin schließlich ein wiederkehrendes Muster gezeigt. Hertel sei eine Meisterin im Verbiegen der Wahrheit. Wie sie Tatsachen benutzt habe, um sie nach ihren Wünschen und zu ihrem Vorteil zu manipulieren, das sei von ihr mit größter Hemmungslosigkeit betrieben worden. So habe Hertel in einem ihrer Schreiben an die Frauenbeauftragte den Rektor W. beschuldigt, unmögliche Zustände an seiner Schule zu dulden. Niemand dort wage es, so habe sie geschrieben, die Decke von diesen Missständen an der Schule zu reißen, an der sich ein Lehrer seit Jahren an Schülerinnen vergreife. Sie aber fühle sich verpflichtet und habe den Mut, trotz starker Drohungen die Sache zu offenbaren. Zur Strafe verhindere man, dass sie in der Oberstufe unterrichten könne.

»Auch in der nächsten Schule«, sagt Lierow, »da sitzt der Lehrer Schubert schon im Gefängnis, kommt Susanne Hertel in eine verderbte Welt. Sie ist dort kaum sechs Wochen, aber sie weiß bereits: Der Rektor schneidet sie, weil er seine Geliebte als Konrektorin inthronisieren will, und duldet, dass ein Lehrer mit Schülern Orgien feiert. Niemand tut etwas dagegen. Nur sie hat wieder den Mut, es auszusprechen. Dafür wird sie vergiftet.«

Einige Wochen nach der angeblichen Vergiftung, sagt Lierow, habe seine Schwester Susanne Hertel bei einer Begegnung das Kompliment gemacht, sie sähe aus wie das blühende Leben, und Hertel habe erwidert, sie sei nach der Vergiftung dem Beinahe-Herzstillstand in einem Krankenhaus in N. entrissen worden.

Es seien schließlich dreizehn Tatsachen gewesen, die er zusammengetragen habe, sagt Lierow, die allesamt die Skrupellosigkeit der Susanne Hertel aufzeigten, mit der sie haarsträubende Lügengeschichten erzählte, Geschichten zwischen Wahn und Wirklichkeit, die sie zur Durchsetzung ihrer Ziele verbreitet habe.

Dazu gehöre auch die Geschichte vom Kopfschuss ihres Lebenspartners, des Kriminalkommissars Mertens. Dieser sei im Zuge einer Terroristenfahndung angeschossen worden, habe Frau Hertel der Frauenbeauftragten erzählt. Die Kugel sei in seinen Schädel eingedrungen, und er habe das Sprechen mühsam wieder lernen müssen. Glücklicherweise habe sie, Hertel, auch eine logopädische Ausbildung und habe ihm so bei der Wiedergewinnung der Sprache helfen können. Um ihm weiterhin beistehen zu können, sei jedoch eine Versetzung an eine Schule in der Nähe seines Aufenthaltsortes notwendig. Dem Versetzungswunsch, sagt Lierow, sei daraufhin stattgegeben worden.

Monate später, als sich Susanne Hertel erneut um eine Versetzung bemühte, habe sie auf die Nachfrage der Frauenbeauftragten ungerührt erklärt, ihr Lebenspartner sei kürzlich verstorben, und sie sei jetzt zu alledem auf das Unangenehmste vom Verkauf des gemeinsam erworbenen Hauses in Anspruch genommen.

Kommissar Mertens war aber weder Lebenspartner der Susanne Hertel gewesen, noch war er an einem Kopfschuss gestorben, hatte Lierows Schwester erfahren. Mertens war lediglich mit Hertel bekannt gewesen und hatte sie damals auf ihre dringende Bitte hin zur Aussage gegen Schubert vor der Kripo begleitet. Es war seine eigene Dienststelle, deren Vorgesetzter er war und bis heute ist, sagt Lierow.

Hertel hatte dort, auf Mertens Dienststelle und in seinem Beisein, die Geschichte von der Begegnung auf dem Marktplatz erzählt, hatte geschildert, wie der Angeklagte, etwa acht Meter entfernt, ihr den schrecklichen Satz zugerufen habe, woraufhin sie in wilder Panik weggelaufen sei. Ihre Eltern, so das Aussageprotokoll, seien bei diesem Vorfall zugegen gewesen.

Auch die Eltern Hertel wurden hierzu von der Polizei vernommen. Sie sagten aus, ihre Tochter sei einige Schritte vorausgegangen, und so hätten sie nicht mitbekommen, dass der Angeklagte ihrer Tochter etwas zugerufen habe. Gesehen aber hätten sie den Mann sehr genau.

»Anders ausgedrückt«, sagt Lierow: »Die Eltern haben ein angeblich sehr auffälliges Verhalten eines ihnen unbekannten Mannes nicht bemerkt, aber sein Gesicht ohne besondere Veranlassung auf einem dichtbevölkerten Marktplatz aus einer Entfernung von mehr als acht Metern so genau gesehen, dass sie diesen Mann achtundzwanzig Tage später auf einer Lichtbildvorlage unter zehn Personen zweifelsfrei identifizieren konnten. Die Erklärung für dieses Meisterstück der Identifizierung lässt sich nur mutmaßen«, sagt Lierow, »aber mit einer an Sicherheit grenzenden Wahrscheinlichkeit hatten die Eltern vor der Identifizierung ein Lichtbild vom Täter gesehen. Das dürfte ihnen über die Tochter und dieser wiederum über ihren Freund, den ermittlungsbeteiligten Kommissar Mertens, bekannt gemacht worden sein. Man kann sich das Motiv der Eltern Hertel für diese Lüge leicht ausrechnen«, sagt Lierow. »Und das mag sie etwas entschuldigen. Der angebliche Täter Schubert sollte aus dem Verkehr gezogen und die Gefahr gebannt werden, dass ihre Tochter ihm noch einmal in der Schule oder in der Stadt würde begegnen müssen.«

Das Gericht hätte dieser Spur nachgehen müssen, sagt Lierow. Es hätte Eltern und Tochter Hertel sowie den Kommissar Mertens gezielt befragen müssen, aufgrund welcher Umstände die zweifelsfreie Identifizierung des Angeklagten möglich gewesen war. Diese Nachfrage aber sei ausgeblieben.

Und jetzt, sagt der Rechtsanwalt Lierow, werde er mir einige Besonderheiten dieses Falles servieren. »Hier die Nummer eins«:

Das Experiment.

Laut Urteilsbegründung hatte der Angeklagte sein Opfer zum Analverkehr gezwungen, indem er ihm mit der einen Hand den Mund zuhielt und gleichzeitig mit der anderen Hand folgendes bewerkstelligte:

Mit seiner rechten Hand schob der Angeklagte seine Trainingshose und Unterhose herunter. Dann hob er den knöchellangen, an der linken Seite offenen Wickelrock der Zeugin zur Seite, fixierte den Rock mit seinen Knien, schob den Stringtanga der Zeugin beiseite und drang mit seinem erigierten Glied bewusst und gegen den Willen der Zeugin in ihren After ein.

Das habe das Urteil so festgehalten, sagt Lierow. Er habe, sagt er, den Tatvorgang einem Sexualwissenschaftler geschildert, und der habe geäußert, dass ein mit Hose und Unterhose bekleideter Mann, der eine Frau um einen Kopf überragt, diese Frau nicht an einen Tresen pressen und von hinten und im Stehen anal penetrieren kann, wenn er zunächst Hose und Unterhose herunterziehen muss, wenn er der Frau dabei mit einer Hand den Mund zuhält, wenn diese Frau mit einem knöchellangen Wickelrock bekleidet ist, den er nicht herunterreißt, sondern nur zur Seite schiebt und mit einem Knie fixiert, wenn er überdies den Stringtanga der Frau zur Seite zu schieben hat, und wenn diese Frau, selbst nur mit minimaler Gegenwehr, der Bedrängung und Penetration sich zu entziehen versucht. Selbst bei einem durch Angststarre verursachten Stillhalten der Frau sei das fast nicht möglich.

Dem Wiederaufnahmeantrag, sagt Lierow, habe er die Schilderung folgenden Experiments beigelegt.

Der Unterzeichner hat den Vorgang mit seiner Ehefrau simuliert und auch andere Paare um Durchführung des Experiments gebeten. Natürlich fehlt dann der sexuelle Furor, den ein möglicher Täter gehabt haben muss, und ebenso fehlt die Angst des Opfers. Dennoch ist das Experiment interessant und zeigt auf, dass es den Tatablauf, so wie von der Zeugin geschildert, nicht gegeben haben kann.

a) Jeder Wickelrock, auch der von der Zeugin Hertel getragene, umschließt die Taille etwa knapp eineinhalbfach. Man kann ihn nicht einfach beiseiteschieben. Er fällt immer wieder zurück.

Ist er links gebunden, lässt er sich noch einigermaßen leicht nach vorn öffnen. Beim Beiseiteschieben nach hinten aber wird der Po nicht frei, der Stoff des Rockes spannt sich viel-

mehr über diesen. Hätte der Angeklagte den Rock hochgeho-
ben und mit dem Knie fixiert, hätte er einen sehr instabilen
Stand auf einem Bein gehabt.

b) Wenn der Angeklagte mit einer Hand der Zeugin Hertel
den Mund zugehalten haben soll, gleichzeitig aber die Hose
herunterzog, Wickelrock und String-Tanga beiseiteschob, dann
konnte er sein Opfer zumindest in dieser Zeit nicht an den
Tresen pressen. Eine sich wehrende Frau hätte sich in diesem
Moment wegdrehen und auch die eine Hand des Angeklag-
ten, die den Mund zuhielt, wegstreifen können. Außerdem
hatte die Zeugin bei einem solchen Tatgeschehen beide Hände
und Arme frei, während der Angeklagte eine nutzte, den
Mund der Zeugin zuzuhalten, die andere mit Hose und
Wickelrock befasst war.

c) Bei einem sich nur mäßig wehrenden Opfer wäre der An-
geklagte mit seinem Glied nicht einmal bis an den entblößten
Po der Zeugin gekommen, ohne den Rock entweder herunter-
zureißen oder diesen der Zeugin über die Taille zu heben.

d) Den Anus-Eingang hätte der Angeklagte bei einem sich
mäßig wehrenden Opfer, welches nicht aus Angst und Schre-
cken stillhält, nicht einmal mit seinem Glied treffen können,
zumal der Angeklagte die Zeugin um einen Kopf überragt
haben soll.

Bernhard Schuberts damaliger Verteidiger, sagt Lierow, habe
ihm gesagt, er wisse noch, wie er Susanne Hertel in der Verhandlung nach einem Aidstest gefragt hatte. Nach einer analen
Vergewaltigung, so sei die Überlegung des Anwalts gewesen,
müsste sich eine biologisch kundige Person zwangsläufig vor
einer Infizierung fürchten. Da habe der Vorsitzende fast die Fas-

sung verloren. Was er der Frau Nebenklägerin denn noch alles zumuten wolle? Ob es nicht allmählich reiche, habe der Richter gerufen.

»Im Zuge meiner Recherchen«, sagt der Rechtsanwalt Lierow, »bin ich vielfach auf Kollegen Hertels gestoßen, die damals geschwiegen haben.« Im Gespräch mit ihm aber hätten sich nun viele der Lehrer zu den ihnen damals unbekannten Details der Anschuldigung differenziert geäußert. »Hier also die Besonderheit Nummer zwei«:

Die Kollegen.

Die stellvertretende Schulleiterin: Schon damals habe sie erhebliche Zweifel am Wahrheitsgehalt dessen gehabt, was ihr Frau Hertel anvertraut habe. Diese Zweifel hätten sich zunächst aus den Tatumständen und den Örtlichkeiten ergeben und verstärkten sich heute durch das neue Bild, das bei genauer Betrachtung der Persönlichkeit von Frau Hertel entstanden sei.

So habe sie sich beispielsweise das Wissen, dass Frau Hertel am Tag der angeblichen Vergewaltigung abends noch auf einem Treffen einer Frauensportgruppe gewesen und dort ausgesprochen gelöst und gutgelaunt gewesen war, zunächst damit erklärt, dass Frau Hertel vorgehabt habe, die ganze Sache zu verdrängen. Im Nachhinein beurteile sie das aber ganz anders. Sie könne sich nicht vorstellen, dass eine Frau, die wegen jeder Kleinigkeit krankheitsbedingt dem Schulunterricht ferngeblieben sei, nach einer Analvergewaltigung und Körperverletzungen durch Tritte, Kniffe und Kratzwunden abends gutgelaunt und fröhlich zu einem Frauenstammtisch erscheine und am nächsten Tag Unterricht halte.

Der Lehrer für Chemie und Physik: Er habe damals angenommen, es habe außer der eigenen Zeugenaussage von Frau Hertel auch andere objektive Beweismittel gegeben, die Herrn Schubert überführt hätten. Denn eigentlich sei es kaum vorstellbar, dass ein Lehrer in einer großen Schulpause in einem Fachraum eine Kollegin vergewaltigen könne und dies nicht bemerkt werde. Zum einen seien die Fachräume für jeden Lehrer zugänglich. Davon werde in Pausen auch häufig Gebrauch gemacht. Zum andern: Wenn ihm bekannt gewesen wäre, dass Frau Hertel ausgesagt habe, nach der angeblichen Vergewaltigung das Schulgebäude auf der Feuertreppe verlassen zu haben, noch dazu nach vorangegangenen Schlägen, Tritten und Kratzwunden, wenn er gewusst hätte, dass Frau Hertel angegeben habe, sie habe sich dann in Büschen versteckt, habe sich dort übergeben, sei aber in der 5. Stunde zum Deutschunterricht in der Klasse 11a im Raum 203 des Altbaus erschienen und habe den Unterricht am gleichen Tag in der 5. und 6. Stunde abgehalten, daran aber keine Erinnerung mehr, dann hätte er die ganze Anschuldigung der Vergewaltigung für ein Phantasiegebilde gehalten. Dies umso mehr, als es eine Pausenaufsicht zwischen Altbau und Neubau gebe, eine weitere im Neubau selbst und dazu noch einen Schülerordnungsdienst. Auch während der Pause gingen regelmäßig Kollegen, Ordnungsdienste und aufsichtführende Lehrer in den Gebäuden herum, so dass eine panische Flucht von Frau Hertel oder gar Schreien und Hilferufe unbedingt bemerkt worden wären.

Außerdem würden Lehrer sowohl den Raum 506 als auch

den Raum 507, die miteinander verbunden seien, oft während der Pause für Besprechungen nutzen. Herr Schubert hätte somit zu jeder Zeit mit dem Erscheinen eines Kollegen rechnen müssen.

Der Studienrat für Deutsch und Geschichte: Er habe am Tag der angeblichen Vergewaltigung Pausenaufsicht gehabt und könne bestätigen, dass der Weg zwischen Neubau und Altbau, insbesondere, wenn man die längere Strecke über die Feuertreppe nehme, gut einsehbar sei. Und dass es von ihm als Pausenaufsicht in diesem Bereich sowie von Schülern und Lehrern, die während der Pause und vermehrt kurz vor dem Pausenende zwischen den Gebäudeteilen hin- und herliefen, unbedingt bemerkt worden wäre, wenn Frau Hertel auf diesem ungewöhnlichen Weg in den Altbau gegangen wäre.

Wenn eine Lehrerin, und insbesondere eine wie Frau Hertel, die eine auffällige und normalerweise auf sich aufmerksam machende Person gewesen sei, in dieser Pause vom Neubau über die Außentreppe zum Hauptgebäude gerannt wäre oder sich in irgendeiner anderen auffälligen Weise vom einen zum anderen Gebäude bewegt hätte, vielleicht zerzaust, bleich, wie weggetreten wirkend oder dergleichen, dann hätte das bemerkt werden müssen. Er halte es für undenkbar, dass eine Lehrerin, die diese ganze Strecke in einer Pause rennend zurücklege, nicht von einer Vielzahl von Schülern und Kollegen gesehen und zum Gegenstand des Gesprächs, des Spottes oder einer Nachfrage werde.

Die Lehrerin für Englisch und Geographie: Sie habe in der fraglichen Zeit Pausenaufsicht beim Neubau gehabt. Wenn Frau

Hertel den von ihr behaupteten völligen Blackout gehabt hätte, nach einer Vergewaltigung mit anschließender panischer Flucht, mit Verstecken und Erbrechen in den Büschen, wenn sich das alles so abgespielt hätte, dann hätte Frau Hertel irgendjemand auffallen müssen. Niemand an der Schule habe sich aber an irgendwelche Auffälligkeiten in ihrem Benehmen an diesem Tag erinnern können, wenn man mal davon absehe, dass zwei Schülerinnen der Klasse 11a, in der Frau Hertel in der 5. Stunde Unterricht gegeben habe, eine gewisse Gereiztheit an ihr beobachtet haben wollen. Letzteres könne aber auch eine nachträgliche Projektion sein. Schließlich habe die angebliche Vergewaltigung an der Schule sofort die Runde gemacht und jeder habe davon gewusst, also auch die Schüler.

Da Herr Schubert keinen guten Stand gehabt habe und im Kollegium isoliert gewesen sei, habe keiner einen Finger für ihn krümmen wollen. So habe jeder, mangels genauer Kenntnis der Umstände, zunächst Frau Hertel geglaubt. Von diesem Glauben sei aber, nachdem sich die erste Aufregung gelegt hätte, nicht mehr viel übrig geblieben. Allerdings sei jeder an der Schule zunächst erleichtert gewesen, dass sich das Problem Schubert, wenn auch auf tragische Weise, gelöst habe.

»Ich habe schließlich herausgefunden«, sagt Lierow, »dass zum Zeitpunkt der Vergewaltigung ein Lehrer sich im angrenzenden Raum 507 aufgehalten hat. Die Räume 506 und 507 sind durch eine Tür verbunden und sehr hellhörig. Susanne Hertel hatte ausgesagt, in Raum 506 geschrien zu haben.«

Dieser Lehrer habe damals sein Befremden geäußert, dass er, obwohl er zu dem Zeitpunkt der Vergewaltigung nebenan saß, nichts, rein gar nichts gehört habe. Weder Worte noch Schreie.

Worte und erst recht Schreie hätte er aber im angrenzenden Raum unbedingt hören müssen.

Er habe das damals, habe der Lehrer ihm gesagt, einem Polizisten erzählt, der durchs Haus ging. Der habe erwidert: Wir kommen darauf zurück. Dass die Polizei hiervon in den Akten nichts vermerkt hatte, habe er nicht gewusst. Er habe vielmehr erwartet, als Zeuge vor Gericht geladen zu werden. Als das nicht geschah, habe er im Vertrauen auf die Justiz angenommen, dass die örtlichen Gegebenheiten ausreichend ermittelt worden seien.

In ihrer Zeugenaussage hatte Frau Hertel angegeben, sie habe sich nach der Flucht aus Raum 506 aus Angst vor Verfolgung durch den Studienrat Schubert in den Büschen nahe der Feuertreppe versteckt und habe dort »nur noch geweint« und sich übergeben. »Alle«, sagt Lierow, »mit denen ich an der Schule gesprochen habe, wiesen mich darauf hin, dass es ganz unmöglich sei, sich in den Büschen zu verstecken, die damals wie heute immer auf der gleichen niedrigen Höhe gehalten würden.«

Hätten sie gewusst, sagten die Befragten, dass Frau Hertel bei ihrer angeblich panischen Flucht die Feuertreppe hinuntergelaufen sein wolle und sich dann hinter den dortigen Büschen zu verstecken versucht habe, hätte keiner das für glaubwürdig gehalten. Die Büsche seien viel zu niedrig, um sich dahinter zu verstecken, insbesondere für jemanden, der sich vor einem von oben kommenden Verfolger hätte verstecken wollen. Frau Hertel hätte sich aber auch gar nicht verstecken müssen. Sie hätte nur um Hilfe rufen müssen, da überall in unmittelbarer Nähe Menschen gewesen seien.

Die Mathematiklehrerin: Man müsse kein Mathematiker sein, um den Zeitfaktor zu prüfen. Wenn Frau Hertel vor Gericht angegeben habe, Schubert hätte den Vorbereitungsraum fünf Minuten nach Pausenbeginn betreten, hätte dann ein belangloses Gespräch begonnen, das im Verlauf an Aggressivität zunahm und sich vom Unbedeutenden ins Bedrohliche entwickelt hätte, wenn man für dieses Gespräch drei Minuten einsetze, eine Rekordzeit, wie sie meine, für ein derartiges Gespräch, und wenn man für die Flucht der Frau Hertel aus dem Raum 506 den Flur entlang und die Feuertreppe hinab nur eine Minute einsetze, für das Verstecken, Weinen und Erbrechen vier Minuten und für den anschließenden Weg zum Hauptgebäude drei Minuten, dann käme man auf eine Gesamtzeit von sechzehn Minuten. Bei einer Pausendauer von exakt fünfzehn Minuten ergäbe sich so eine Minuszeit, in der die Zeit für die Vergewaltigung noch nicht enthalten sei.

Der Vorsitzende des Personalrats: Im Gegensatz zu anderen an der Schule habe er von Anfang an ein Motiv der Frau Hertel für eine Falschaussage »gerochen«. Frau Hertel habe nämlich ein geradezu monomanisches Bedürfnis nach Anerkennung gezeigt und sei schon kurz nach Aufnahme ihrer Tätigkeit an der Schule in enervierender Form immer wieder bei der Schulleitung aufgetaucht und habe verlangt, man solle sie auch in der Oberstufe unterrichten lassen. Dafür sei die Stelle aber nicht ausgeschrieben gewesen. Das habe sie auch gewusst.

Er halte es für möglich, dass Frau Hertel anfangs Herrn Schubert nur beruflich habe ausschalten wollen, um sich als Heldin des Tages präsentieren zu können. Als jemand, der es zur Erleichterung aller geschafft habe, Herrn Schubert aus dem

Dienst zu entfernen, und nun Bewunderung und Anerkennung verdiene.

Es sähe für ihn ganz danach aus, dass Frau Hertel das eigene Aussageverhalten immer mehr entglitten sei. So habe sie das, was sie Herrn Schubert angedichtet habe, begonnen hochzuschrauben. Ihr Vorwurf einer sexuellen Belästigung durch Schubert, die Hertel anfänglich Kollegen gegenüber behauptet hatte, sei nach wenigen Tagen zu einer sexuellen Nötigung geworden, bis er sich acht Tage nach der Tat in der polizeilichen Vernehmung zu einer Analvergewaltigung ausgewachsen habe.

Frau Hertel habe offenbar nicht bedacht, dass es sich bei Vergewaltigung um ein Offizialdelikt handele und sie nicht mehr zurückkönne, nachdem sie erst einmal mit der Beschuldigung angefangen habe. Hätte sie ihre Aussage wieder zurückgenommen, wäre tatsächlich ihr wichtigstes Ziel gefährdet gewesen. Ihr wichtigstes Ziel, habe der Personalrat gesagt, das sei ihre Lebenszeitverbeamtung gewesen. Über die habe sie ständig gesprochen.

Und tatsächlich habe Frau Hertel mit Schuberts Verurteilung ihr Ziel erreicht. Sie sei auf ihre Forderung hin nach einem Ausgleich für erlittene Qual verbeamtet worden. Er wisse, habe der Personalrat gesagt, dass Frau Hertel seit nunmehr fünf Jahren in einem anderen Bundesland als verbeamtete Studienrätin an ein und demselben Gymnasium in der Oberstufe unterrichte und dort wohl gelitten sei. Sie führe, wie er aus ihrem jetzigen Umfeld erfahren habe, ein beständiges, unauffälliges Leben.

»Letzter Punkt«, sagt Lierow:

Das Gericht.

»Ich habe herausgefunden, dass sich Susanne Hertel mit dem Problem der Beweisbarkeit von sexuellen Missbrauchsfällen befasst hat. Während ihrer Lehrerausbildung besuchte sie Seminare bei Opferhilfe-Vereinen, die den Umgang mit Missbrauchs- und Vergewaltigungsopfern zum Thema hatten.« In diesen Gruppen werde davon ausgegangen, dass Frauen in derartigen Angelegenheiten grundsätzlich nicht lügen. Für eine Lüge gäbe es gar kein Motiv, heiße es da. Folglich müssten die Gerichte dazu gebracht werden, die Tatsache an sich zu glauben und die Frauen mit beschämenden Fragestellungen zu Einzelheiten zu verschonen. So sei das Sich-Berufen eines Zeugen auf »Blackouts« wesentlich günstiger als ein widersprüchliches Aussageverhalten. Die Aussage der Susanne Hertel, sie wisse nicht und könne sich nicht erinnern, ziehe sich durch ihre mehrfachen polizeilichen Vernehmungen. So wusste Frau Hertel eben nicht, dass sie in der 5. und 6. Unterrichtsstunde nach der Vergewaltigung noch Unterricht gegeben habe, und sie wusste auch nicht, wie sie in den Unterrichtsraum gekommen war. Sie wusste nur noch, dass sie aus dem Schulgebäude gelaufen war, sich in den Büschen versteckt, sich dort erbrochen und geweint hatte. Diese Aussage hat ihr die Strafkammer mit Hilfe des Gutachters abgenommen, der die Zeugin zwar nie untersucht hatte, ihr aber gleichwohl einen posttraumatischen Gedächtnisverlust attestierte.

»Und tatsächlich«, sagt Lierow, »sah die Große Strafkammer in der Erinnerungslücke der Zeugin Hertel ein besonderes Zeichen ihrer Glaubwürdigkeit. Das Gericht«, sagt er, »hat der Zeugin Hertel im Urteil attestiert, dass ihre Aussage geschlossen und nachvollziehbar gewesen sei.« Die Erinnerungslücke von Susanne Hertel, die den gesamten an die Vergewaltigung sich anschließenden Unterricht betrifft, sei, so könne man in der Urteilsbegründung lesen, Folge einer posttraumatischen Belastungsreaktion. In solchen Fällen, so das Gericht, könne der Betroffene sich an Zeiträume, in denen er keiner anspruchsvollen Tätigkeit nachgegangen sei, nicht mehr erinnern. Und der Unterricht sei »für einen Lehrer eine im obigen Sinne anspruchslose, da routinemäßige Tätigkeit«.

Der Rechtsanwalt Lierow schüttelt den Kopf. Er habe nicht umhin können, in seinem Wiederaufnahmeantrag festzustellen, dass Lehrer, die in der 11. Klasse Deutsch unterrichten und beispielsweise, wie das Frau Hertel an jenem Tag tat, über »Das lyrische Ich« referieren, diese Feststellung des Gerichts irritieren würde. Vielleicht, habe er vermerkt, gelte dies ja gleichermaßen für Richter oder Rechtsanwälte, die, während sie an Hauptverhandlungen teilnehmen, keiner anspruchsvollen Tätigkeit nachgehen.

»Dem Richter der damals verurteilenden Kammer habe ich vor Beginn des Wiederaufnahmeverfahrens das Ergebnis meiner Recherchen zugeschickt«, sagt Lierow. »Die Lektüre hätte ihn zu dem Schluss bringen können, dass sein Urteil falsch gewesen war und dass Susanne Hertel, wie Schubert behauptet hatte, es tatsächlich auf seine Stelle abgesehen hatte. Aber im Zeugenstand konnte der Richter sich an fast nichts mehr erinnern, und offenbar fehlte ihm die menschliche Größe, dem Opfer der Fehlentscheidung ins Gesicht zu schauen und zu sagen: ›Es tut mir leid, dass Sie einen schrecklichen Leidensweg gehen mussten.‹

Wie soll, wenn solch mitfühlende Signale fehlen, bei einem Justizopfer Vertrauen wieder wachsen können in die Menschlichkeit einer Gesellschaft, die es einmal völlig zu Unrecht ausgegrenzt hat?«

Und welche Art von Menschlichkeit hat Bernhard Schubert nach dem Freispruch von seinen Kollegen erlebt?

»Null«, sagt Lierow.

Und in das jetzt entstehende Schweigen hinein singt irgendwo im Haus mit einem Mal Elvis »Love me Tender« wie einen banalen Kommentar. Und Lierow sagt, es habe sich ihm nach dem Aktenstudium der Eindruck aufgedrängt, dass das Gericht zu bestimmten Punkten die Wahrheit gar nicht habe hören wollen. »Viel später«, sagt er, »eigentlich erst am Ende des Wiederaufnahmeverfahrens, habe ich herausgefunden, dass es damals, als die Anklage wegen Vergewaltigung erhoben wurde, eine politische Vorgabe gegeben hatte.«

Die Wahl in dem Bundesland war gerade vorüber und eine Frau war Kultusministerin geworden. Sie hatte sich auf die Fahne geschrieben, dass so eine Schweinerei wie eine Vergewaltigung an einer Schule ihres Landes nicht noch einmal vorkommen dürfe. Die Polizei hatte daraufhin eine ungewöhnlich große Ermittlungsgruppe eingesetzt, die das Leben des Angeklagten durchforstete. Ein damals mit dem Fall betrauter Kommissar habe ihm, Lierow, jetzt gesagt, er habe sehr wohl festgestellt, dass aus der Ermittlung Teile ausgeschlossen geblieben seien. Zur Aufklärung der Tat habe das Vorleben der Hauptbelastungszeugin keine Rolle gespielt, und Lierow zitiert den Beamten aus einem Interview: »Wenn wir in der Vergangenheit des Opfers ermittelt hätten – was glauben Sie, was das für einen Aufschrei gegeben hätte.« Zweifel an der Täterschaft aber seien bei dem Kommissar damals durchaus entstanden. So habe er gewusst, dass anale Vergewaltigungen selten sind. Und wenn sie stattfinden, seien die Opfer wehrlos, meist gefesselt und sediert. Für Zweifel aber habe es damals weder Zeit noch Raum gegeben. Es seien von höherer Stelle alle Hebel in Bewegung gesetzt worden, damit der Fall schleunigst aufgeklärt und zur Anklage gebracht werden konnte. »Und dann läuft das Rad«, sagt Lierow, »und es entsteht ein psychologischer Druck. Und natürlich ist es nicht wie in Russland«, sagt er. Niemand riefe hier bei Gericht an und verfüge eine Verurteilung. Aber es entstehe ein Erwartungsdruck. »Ein starkes Gericht wehrt ihn ab, ein schwaches kann ihm nicht immer widerstehen.«

Vor den Fenstern die Stadt, die sich langsam zu beruhigen beginnt. Die Polizei- und Notfallsirenen schrillen spärlicher, das nervöse Brausen des Verkehrsstroms ist einem niedrigtourigen Rauschen gewichen, und am sternlosen Himmel steht der volle Mond.

»Wird Anklage gegen Susanne Hertel erhoben werden?«

Er habe vor vier Jahren Anzeige wegen Freiheitsberaubung gegen Susanne Hertel gestellt und den Generalstaatsanwalt in D. gebeten, das Verfahren an sich zu ziehen. »Für jeden Bürger stellt sich das befremdliche Gefühl ein«, habe er geschrieben, »die Staatsanwaltschaft betrachte eine jahrelange Freiheitsberaubung als minderschwere Rechtsverletzung.« Der letzte Ermittlungsschritt der Staatsanwaltschaft datiere aus dieser Zeit. Seither sei nichts mehr geschehen.

»Ich vermute«, sagt Lierow, »dass die Anwältin von Frau Hertel nun versucht, die ganze Sache in die Verjährung zu retten. Bis heute ist jedenfalls keine Bewegung in die Geschichte gekommen. Nichts. Still ruht der See.« Er aber werde nicht ruhen, bis hier Recht gesprochen werde. »Bernhard Schubert wird eine Haftentschädigung von rund vierunddreißigtausend Euro erhalten, fünfundzwanzig Euro pro Tag, minus sechs Euro für Verpflegung. Aber Schubert ist nach wie vor arbeitslos und lebt von Hartz IV, während Frau Hertel, vom Schuldienst freigestellt, ihr Gehalt als Studienrätin weiterhin bezieht.«

Hartmut Lierow steht auf und geht in die Küche. »Zum Kaffee«, sagt er, »serviere ich Ihnen eine Schnurre, eine kleine entspannende Fallgeschichte.« Es sei, sagt er, die Geschichte eines Falls, den er vor vielen Jahren geführt hätte, bei dem die Dinge gerade umgekehrt verlaufen seien, erst der Freispruch, dann die Verurteilung. Und wir trinken starken Kaffee, und Hartmut Lierow erzählt die Geschichte eines Raubüberfalls auf einen Geschäftsmann, der sein Schwarzgeld im Wandsafe hinter einem Bild versteckt hielt. 1,4 Millionen DM erbeuteten die beiden Täter. Gefasst aber wurde nur einer. Bei einer Verkehrskontrolle hatte die Polizei in dessen Kofferraum eine Reisetasche mit 700 000 DM gefunden. Durch die Behauptung seines Anwalts, das sei Spendengeld zur Fluchthilfe aus der DDR, kam der Mann schnell wieder frei und erhielt das Geld zurück.

Später flog der Trick auf, der Täter wurde erneut gefasst und verurteilt. Der Anwalt verlor seine Lizenz, der Geschäftsmann durch die Strafe sein gesamtes Vermögen. Das Raubgeld aber blieb verschwunden. Der zweite Täter auch. Er lebt bis heute auf freiem Fuß.

»Vielleicht hat er die Beute genossen«, sagt Lierow, »vielleicht besitzt er eine Villa in Dahlem, hat eine Familie und ist ein anerkanntes Mitglied der Gesellschaft geworden. Das wäre der normale Gang der Dinge.

Erfolgreiche Verbrecher wollen nicht am sozialen Rand bleiben. Dort bleiben nur die Erfolglosen hängen. Ein erfolgreicher Verbrecher will aufsteigen. Er will gesellschaftliche Anerkennung. Er will«, sagt Lierow, »in der Mitte der Gesellschaft ankommen und dort einen respektablen Platz einnehmen.«

Wenige Wochen nach dem Gespräch mit Rechtsanwalt Lierow ist Bernhard Schubert tot. Er war an einem Sommermorgen auf dem Rückweg vom Bäcker zusammengebrochen. Man fand ihn im Gebüsch am Straßenrand neben seinem Fahrrad. Die Obduktion ergab Herzversagen.

Die Staatsanwaltschaft in D. hat ihre Ermittlungen vor kurzem abgeschlossen und gegen Susanne Hertel Anklage wegen Freiheitsberaubung erhoben. Ein Prozesstermin ist noch nicht festgelegt. Ich versuche mir vorzustellen, wie Susanne Hertel den Gerichtssaal betritt: Eine Frau von sechsundvierzig Jahren mittlerweile, immer noch attraktiv, wie sie in den Gerichtssaal tritt, als Angeklagte dieses Mal. Selbstbewusstsein und Sportlichkeit hat sie vor der Tür abgelegt und ist zur zerbrechlichen Frau geworden, hilfsbedürftig und mitleiderregend. Sie wird dort im Gerichtssaal zu einem Menschen werden, dem die Welt Unrecht tut, den sie schuldlos bestrafen will. Diese Welt will den Mut bestrafen, mit dem sie, Susanne Hertel, das Schlechte und Unrechte aufdeckt – ich kann sie sehen, wie sie aufrecht und leidend da sitzt, und kann doch nicht hören, mit welcher Geschichte sie antritt, das über ihr schwebende Unheil abzuwenden, abzuschwächen doch wenigstens, welche Wahrheit sie der blinden Justitia versuchen wird unter die Augenbinde zu schieben und ins Ohr zu flüstern.

Schluss und Ruh

Hausen ist ein Marktflecken. »Sechsundzwanzig Nationen sind hier versammelt«, sagt der Bürgermeister. Und einer dieser Nichteinheimischen, der vor Jahrzehnten in diesem Ort gelebt hat, sagt: »Ich betrachte Hausen als meinen zweiten Geburtsort.«

Hausen liegt in Bayern, zwischen Landshut und Regensburg im Hügelland. Siebentausendfünfhundert Einwohner hat der Ort, und die Gemeinde wächst. »Im Grunde genommen fühlen sich die Leute hier wohl«, sagt der Bürgermeister.

Hausen besitzt einen Bahnhof, ein Rathaus und drei Bürgermeister, und es besitzt eine Grund- und Hauptschule, die erst vor kurzem für dreizehn Millionen erweitert worden ist. »Wohlgemerkt, für dreizehn Millionen«, sagt der Bürgermeister. Es gibt eine Sporthalle, Fußball- und Tennisplätze, zwei Gasthäuser, zwei Apotheken, zwei Tankstellen und zwei Kirchen.

Er glaube, sagt der katholische Pfarrer, dass die Hausener keine besseren oder schlechteren Kirchgänger seien als die anderswo. »Also«, sagt der Pfarrer Bäumler, »die sind hier ganz normal.«

Hausen ist längst kein Bauerndorf mehr. Handel und Gewerbe überwiegen. Landwirtschaft betrieben nur wenige noch als Haupterwerb, sagt der Bürgermeister. An zwei Händen seien die sogenannten Vollerwerbslandwirte abzuzählen.

Jetzt im Winter ist es still draußen auf den Äckern und Wiesen, die an die Neubausiedlung grenzen und die den Anwohnern zum Ärgernis werden, wenn der Dung ausgefahren wird und der Traktor die schöne saubere Straße vor den sauberen Eigenheimen mit fetter brauner Erde und Mist verdreckt. Jetzt steht der Traktor in der Scheune, und es herrscht Ruhe. Der Bach unterm Eis schweigt, die Bäume haben ihr Rauschen abgelegt, die Vögel sind verstummt. Hausen liegt ruhig und friedlich zwischen den Hügeln im Schnee.

Die Menschen im Ort sind freundlich. Sie grüßen den Fremden auf der Straße und sind zu Auskunft gern bereit.

Er habe hier in Hausen die ersten liebenswürdigen Worte gehört, wird John Weiner sagen.

Die Hausener sind freundlich, doch im Dorf herrscht Streit. Seit Jahren drückt ein Thema den Bewohnern auf Herz und Hirn, löst Wut und Empörung aus: die Namensgebung ihrer Grund- und Hauptschule. Eine Geschichte aus alten Zeiten hatte sich plötzlich in Hausens Gegenwart geschoben. War aufgetaucht und seitdem nicht mehr wegzudrücken gewesen ins Vergessen.

Am 11. August 2001 war in der Sitzung des Gemeinderats von Hausen der Beschluss gefasst worden, der bisher namenlosen Grund- und Hauptschule des Ortes einen Namen zu geben. »Die Schule heißt jetzt Verbandschule Hausen, in Klammern Hauptschule«, sagt der Hauptschulrektor Wieland. »Wir sind unter einem Dach mit der Grundschule, die heißt Verbandschule Hausen, Klammer auf, Grundschule, Klammer zu.«

»Wir hätten einen Namen mit Profil«, sagt der Rektor, »wenn wir die Schule nach Max Maurer und Anna Gnadl benennen würden.« Aber, sagt er, aus dem Gemeinderat töne es seit der Kommunalwahl anders. »Bitte, lasst die Schule aus dem Politischen heraus.« Und: »Kinder können wir doch mit einem solchen Namen nicht belasten«, heiße es. Das sei die Meinung des Elternbeirats der Grundschule, sage der dritte Bürgermeister von Hausen. Der sitze für die CSU im Hausener Gemeinderat und sei gleichzeitig Sprecher des Elternbeirates.

Bevor sie sich auch nur auseinandergesetzt hätten mit diesem Namen, habe der dritte Bürgermeister sofort gesagt: Der Name gefällt uns nicht, welchen andern Namen können wir haben? Und da seien solche Namen wie Benediktinergymnasium vorgeschlagen worden. Für die Grund- und Hauptschule der Name Benediktinergymnasium, das sei im Protokoll nachzulesen.

»Das ist jetzt schon sieben Jahre lang ein Eiertanz um den Schulnamen«, sagt der Rektor Wieland. »Wenn die Schulleitungen dahinterstehen, der erste Bürgermeister, der zweite Bürgermeister, der Pfarrer, warum wehrt man sich da mit aller Macht dagegen, der Schule einen Namen zu verleihen? Sie nach zwei Lebensrettern zu benennen, die höchste christliche Werte verkörpert haben? Das versteh ich nicht.«

Lange nachdem der letzte Schüler das Gebäude aus den siebziger Jahren verlassen hat, sitzt der Rektor Wieland noch in seinem Arbeitszimmer am Schreibtisch und erzählt. »Da sind auch Sätze gefallen«, sagt er, »wie: Wir benennen doch unsere Schule nicht nach zwei Angebern.«

Er wisse nicht, sagt der Rektor, was diesen Mann im Gemeinderat bewege, so etwas zu sagen. Er habe keine Ahnung, was zu dieser vehementen Ablehnung geführt haben könne. Man wolle mit dem Schulnamen lediglich zwei Hausener Bürger ehren, die sich durch Zivilcourage ausgezeichnet hätten.

Es ist bereits dämmrig geworden im Amtszimmer des Rektors Wieland. Doch er ruht nicht, bis er die Materialien zur Schulnamensgebung für die Journalistin kopiert und übergeben hat. Warum, sagt er, könne man so einer hochchristlichen Tat nicht die entsprechende Anerkennung zollen? Und er wiederholt die bereits gesagten Sätze, muss sie womöglich immer wieder aussprechen, um der Ratlosigkeit Luft zu verschaffen. »Warum wehrt man sich da mit aller Macht dagegen, der Schule einen Namen zu verleihen, sagt er, ihr den Namen zweier Lebensretter zu geben, die höchste christliche Werte verkörpert haben?«

Rektor Wieland steht am Fenster und schaut hinaus in den feinflockigen Schneefall. »Warum nicht? Das versteh ich nicht«, sagt er, während er hinausblickt in die weiße Dämmerung. Und indem er sich abwendet und aus dem Stapel auf seinem Schreibtisch ein Blatt zieht, sagt er, das sei alles, was als Erklärung abgegeben werde, und er deutet auf den Text: »Das Thema ist für mich gegessen«, das habe dieser Abgeordnete im Gemeinderat in einem Interview gesagt.

In die Gaststube des Gasthauses zur Sonne tönt Gesang. Hinten im Saal probt der Hausener Männerchor: »Dann sei gegrüßt viel tausend Mal, mein Hausen, du im grünen Tal.« Es sind kräftige Stimmen, und der Chorleiter Reiter muss ein Piano anmahnen. Die Dynamik bestimme die Qualität des Gesangs, sagt er, und gibt erneut den Einsatz. »Dann sei gegrüßt viel tausend Mal, mein Hausen, du...« – Ja, nun sei es schon viel besser; liebevoll müsse man mit dem Ortsnamen umgehen.

Der Chorleiter Reiter ist der pensionierte Grundschulrektor. Er ist einer der zwei Hausener, die persönlich betroffen sind von den Vorgängen um die Namensgebung der Schule. Er hatte mich von der Bahn abgeholt und hatte in der halben Stunde vor Beginn der Chorprobe begonnen zu erzählen, wie man auf den Namen für die Schule gekommen war. »Die Initialzündung war im März 1997«, sagt er, »als die Gedenkfeier im Pfarrsaal stattfand, bei der Max Maurer postum mit der Yad-Vashem-Medaille ausgezeichnet wurde. Sie wissen«, sagt er, »dass Yad Vashem in Jerusalem die nationale Holocaust-Gedenkstätte des Staates Israel ist. Sie ehrt Menschen, die halfen, verfolgte Juden zu retten. Als ›Gerechte unter den Völkern‹ werden ihre Namen im Garten der Gerechten in die Mauer eingeschrieben.« Es sei die höchste Auszeichnung, die Israel an Nichtjuden vergeben könne.

»Bis heute«, sagt er, »sind vierzehntausend Frauen und Männer aus allen Teilen Europas ausgezeichnet worden. Darunter sind dreihundertsiebzig Deutsche.« Und zwei davon seien Max Maurer und Anna Gnadl. »Die Gedenkfeier damals hier im Gemeindesaal«, sagt der Chorleiter Reiter, »die war so eindrucksvoll und die Rede des damaligen israelischen Botschafters Avi Primor so berührend, dass im Anschluss daran sofort mein Kollege, der Rektor der Hauptschule, zu mir kam und sagte: ›Mensch, das wär doch ein Name für die Schule.‹« Daraufhin hätten 2001 Schulgremien und Marktgemeinderat die Namensgebung der Grund- und Hauptschule nach Max Maurer und Anna Gnadl beschlossen. Nur der Elternbeirat der Grundschule habe dagegengestimmt. »Ja um Gott's willen«, hätte der Vorsitzende des Elternbeirates gerufen, »den Kindern kann man doch diese Sachen net zumuten.«

Das Ministerium, das den Antrag wohlwollend aufgenommen und die Namensgebung unterstützt habe, habe aber auf Einstimmigkeit bestanden und den Antrag bis zu einer einstimmigen Annahme ruhen lassen. Drei Jahre später sei erneut über die Namensgebung abgestimmt worden. Mit großer Mehrheit sei jetzt der Antrag von den Bewohnern Hausens und ihren Gremien abgelehnt worden. Weshalb?

Eine Ermittlung

Die Mitwirkenden: der erste, zweite und dritte Bürgermeister von Hausen, der Rektor der Hauptschule, der ehemalige Rektor der Grundschule, der Fraktionssprecher der Freien Wähler, zwei Gemeinderäte der CSU, ein Richter am Amtsgericht in L., der Pfarrer von Hausen, der Gemeindereferent, der Heimatpfleger, eine Journalistin des Regionalfernsehens, die Bäuerin Zita Gnadl und John Weiner.

1 Der Christus im Gasthaus zur Sonne ist fast mannsgroß. Er hängt im breiten Flur im ersten Stock am braunen Kreuz, das mit zwei weißen, dicken Kanthaken an der gelben Wand befestigt ist. Eine gepolsterte Betbank steht davor, und der Gast kann, ehe er morgens zum Frühstück in die Gaststube geht, sich auf dem abgewetzten grünen Samt niederlassen, die Arme auf das gleichfarbige Armpolster legen zur kleinen Andacht, vor dieser Leidensgestalt mit dem halboffenen Mund, den gebrochenen Augen, der unterm Dornenkranz blutenden Stirn, der aufgestochenen Seite, den von gewaltigen Nägeln durchbohrten Händen und Füßen. Und als wäre es des Leidvollen nicht genug, hängt unter dem ausgestreckten Arm des toten Jesus auf einer kleinen Holztafel ein

weiterer Christuskopf, blutüberströmt und mit halboffenem Mund auch er.

Die Wirtskinder vor diesem Anblick der Qual und der Gewalt zu schützen war bisher niemand auf die Idee gekommen, auch nicht der dritte Bürgermeister, der aber eine andere Leidensgeschichte aus dem letzten Jahrhundert für Kinder unzumutbar hält und meint, dass man Kinder »mit solchen Sachen net belasten soll«. »Solche Sachen«, sagt der dritte Bürgermeister, »die, glaub ich, kann man ihnen noch net vermitteln.« Der dritte Bürgermeister glaubt dies, auch wenn der Pfarrer diesen Glauben nicht gutheißt. Man dürfe, hatte der Pfarrer gesagt, die Kinder nicht unterschätzen. Sehr wohl könne man auch mit Drittklässlern über dieses Thema reden, und er habe den Schülern dann auch erzählt, was der Max Maurer gemacht hatte. Das interessiere auch einen Neunjährigen, hatte der Herr Pfarrer gesagt.

Das Gasthaus zur Sonne ist bekannt für die Volkesstimme, die sich dort erhebt. Allabendlich am Stammtisch wird die über hundertjährige Gaststube durchflutet vom Zeitgeist, der hereinweht zur Gasthaustür, die der Wirt jetzt am Morgen sperrangelweit geöffnet hat, damit »a frische Luft ins alte Gemäuer kommt«, sagt er und meint damit den Uringeruch, der vertrieben werden muss, der aus dem Pissoir kommt und dessen Intensität am Morgen den abendlichen Bierumsatz anzeigt. Der Wirt steht auf seinen kräftigen Beinen nicht nur fest in der Zeit, er scheint ihr dann und wann auch voraus zu sein. Noch ehe ich mich im Gasthaus angekündigt habe, weiß er bereits von meinem Kommen. Ob er sich zu einem kleinen Gespräch bereitfände, frage ich den Wirt, der groß und breit vor mir im breiten Wirtshausflur steht, in den es vereinzelte Schneeflocken wirbelt. Mit einem Mal ist er ganz hinter der Zeit und fragt, worum es denn ginge, und ich antworte: Um die Namensgebung der Schule. – Ach, um die Judeng'schicht, nein, da sage er nichts, als Wirt müsse er sowieso neutral bleiben. »Zu der G'schicht sag i nix mehr, gar nix mehr; da gibt's auch gar nix mehr zum Sagen, alles entschieden und Schluss.«

Aber Schluss mit der G'schicht in Hausen ist nicht. Kurz vor meiner Ankunft entschließt sich der Rektor der Hauptschule nicht nur, sein Amt als Fraktionssprecher niederzulegen, sondern auch, aus der CSU auszutreten. Er sehe sich nicht mehr in der richtigen Partei, hatte Rektor Wieland verlautbart. Die CSU habe das C vorne. C gleich christlich. Und für ihn haben Max Maurer und Anna Gnadl eine höchst christliche Tat begangen, und da könne es nicht sein, dass diese Tat von Christen massiv bekämpft und intrigant behandelt werde. Eine Mitgliedschaft in einer Partei, die solches betreibe, könne für ihn daher nicht länger bestehen.

Die Gegner halten sich bedeckt. Sie wollen kein Gespräch mit der Journalistin. Der Gemeinderat Eder will wissen, in wessen Auftrag ich komme. »Wer schickt Sie«, fragt er am Telefon und will meine Berliner Telefonnummer, um zurückzurufen. Nach einer Woche hat er es noch nicht getan. Ich frage nach, aber er will noch Bedenkzeit und: »Meine Gedanken und Worte«, sagt er, »die ich Ihnen gebe, möchte ich nicht verfälscht wissen.« Aber in der Gaststube der »Sonne« hat er schon mal heimlich einen Blick auf mich geworfen. Zusammen mit dem Richter Schütz hat er, einige Tische entfernt, versucht, sich ein Bild zu machen von der Fragerin.

Auch der dritte Bürgermeister zögert mit seiner Zusage zum Interview. Er habe viele Termine und abends müsse er zum Italienisch-Kurs, aber schließlich willigt er ein ins Gespräch, wie auch der Fraktionsvorsitzende der Freien Wähler. Und am Ende ist auch der Gemeinderat Eder dazu bereit.

Wir treffen uns nach Dienstschluss im Rathaus. Die drei Gemeinderäte tragen Trachtenjanker. Einer von ihnen trägt einen Hut, doch ohne Gamsbart. Sie sind zurückhaltend freundlich, offerieren Mineralwasser und nehmen am großen Sitzungstisch Platz.

Warum sind die Freien Wähler gegen den Schulnamen?

»Ja«, sagt der Vorsitzende Stinglhammer, »die waren schon immer gegen die Schulnamensgebung. Und ich persönlich wollte der Schule auch gar keinen Namen geben.«

Mit welcher Begründung wollten Sie das nicht?

Stinglhammer: »Bitte?«

Mit welcher Begründung?

Stinglhammer: »Weil man der Schule einen Namen nicht geben sollte.«

Warum sollte eine Schule keinen Namen haben?

»Weil i überhaupt Gebäude net gern nach Namen benennen will«, sagt der Gemeinderat Stinglhammer. »Und da sag ich auch, dass der, nach dem die Schule benannt wird, mehr aus der Bildung kommen soll. Also, mehr so ein Name wie jetzt Benediktinergymnasium ist hier richtig.«

Da fällt der Gemeinderat Eder ein.

»Da hab ich bei meinen Entscheidungen auch auf die Gefühle der Bevölkerung geachtet«, sagt er. »Und die ist«, sagt er, »im Übrigen auch dagegen.«

Welche Gefühle haben Sie ermittelt?

»Das ist ein riesen-politischer Meinungsstreit«, sagt der Gemeinderat Eder, der den hiesigen Dialekt nur in einer Honoratiorenfassung spricht. »Mit all diesen Dingen wollen die Leute nichts mehr zu tun haben.« Bitte nicht die Schule, sagt er, hätten viele Bewohner fast flehentlich gerufen. »Krankenhäuser, Kindergärten und eben auch Schulen sollte man aus so einem politischen Bezug heraushalten.«

Der dritte Bürgermeister Bachl, um die vierzig und leicht übergewichtig, betont das Faktische an dieser »ganzen G'schicht«, wie er sagt. »Es ist später eine geheime Abstimmung unter den Grundschuleltern erfolgt, und die ist auch so ausgegangen, dass sechzig Prozent gesagt ham, dass man diesen Namen der Grundschule nicht geben sollte«, sagt er. »Eine Aufrollung der eigenen G'schicht«, sagt er, »wo's um die Eltern und Großeltern geht, des ist für Kinder schon auch schwierig.«

Die ehemalige Hauptschulrektorin habe ihm gesagt, sie sei absolut dagegen, weil man solche politischen Namen von der Schule weghalten solle.

Aber das ist ja gar kein politischer Name.

»Sicher, aber es ist ein umstrittener Name.«

»Ich will net sagen«, sagt Herr Stinglhammer, der Fraktionsvorsitzende der Freien Wähler, »dass das ein Verdrängungsprozess ist, aber ich glaub, dass da andere Probleme als jetzt dieser Schulname, dass die jetzt viel wichtiger sind; also die Schnelllebigkeit unserer Zeit«, sagt er, »die lässt so was dann schon auch irgendwie zu Recht untergehen.« Und der Kaminkehrermeister Stinglhammer, ein kleiner runder Mann, der am Stammtisch gewiss lustige Geschichten erzählen kann, seufzt jetzt auf:

»Warum unbedingt der Schulname, i woaß net, warum denn unbedingt der Schulname?«

Die Journalistin Beatrix Damm ist jung und hübsch und engagiert. In einem Bericht für das Regionalfernsehen über einen Friedhof in der Nähe Hausens hatte sie die Tat von Max Maurer und Anna Gnadl erwähnt. Der Dorfpolizist Maurer und die Bäuerin Gnadl hatten im April 1945 dreizehn jüdischen Häftlingen das Leben gerettet. »Ich hab in meinem Beitrag kurz davon gesprochen«, sagt sie, »dass einer der Überlebenden sich wünscht, dass seine Retter weiterleben in den Köpfen der Kinder.« Das sei nur kurz angeschnitten und nicht das Hauptthema des Beitrags gewesen.

Doch gleich nach der ersten Ausstrahlung habe der dritte Bürgermeister bei ihr in der Redaktion angerufen und sich beschwert, dass von Strömungen gesprochen worden sei, die gegen die Schulbenennung seien. Er möchte nicht, habe der dritte Bürgermeister zu ihr gesagt, dass dieser Beitrag noch einmal ausgestrahlt werde. »Ich sagte ihm, dass ich das nicht zu entscheiden hätte«, sagt die Journalistin, »ich würde aber seine Beschwerde weitergeben und bot ihm an, sich vor der Kamera zu äußern.« Doch das, sagt sie, habe er abgelehnt. »Damit war die Angelegenheit für mich erledigt.« Aber die Gemüter hätten sich nicht beruhigt, sagt sie. Die immer höher schlagenden Wellen hätten schließlich Anstand, Toleranz und Friedfertigkeit unter sich begraben.

An Allerheiligen sei der Beitrag über den Friedhof wiederholt worden. »Und gleich nach Allerheiligen«, sagt sie, »bekam ich anonyme Briefe von der Art: Ich wäre eine Nestbeschmutzerin und würde dem Ort schaden. Ich hab die Briefe weggeschmissen und mir gar nichts dabei gedacht.« Doch nach einer Woche, als immer weitere Zuschauerbriefe in der Redaktion ankamen, habe sie den Studioleiter benachrichtigt, der sie unter anderem aufgefordert habe, weitere Briefe zu sammeln.

Was stand in den Briefen?

Die Journalistin Damm zieht aus der Tasche ein Bündel Kopien und beginnt vorzulesen:

Sehr geehrte Frau Damm,
fällt Ihnen nichts Besseres mehr ein, als immer wieder den Beitrag über die »Heldentaten« von Max Maurer zu senden? Sie sollten sich aus der Sache raushalten. Lange bevor Sie nach Hausen gekommen sind, ist schon demokratisch gegen die Umbenennung der Schule gestimmt worden.
Mir fällt schon länger auf, dass Sie versuchen mit Ihrer »journalistischen« Arbeit die Meinungsbildung in Hausen zu beeinflussen. Das sollten Sie besser nicht tun. Sie machen sich keine Freunde.
Ich gebe Ihnen einen guten Rat: Lassen Sie die Hausener machen, was sie für richtig halten, und gehen Sie am besten wieder dahin zurück, wo Sie hergekommen sind.
Ein Zuseher.

Es seien durchwegs anonyme Zuschriften gewesen, sagt Frau Damm, und blättert in dem Konvolut. »In einem Brief wurde darauf angespielt, dass ich keine Bayerin bin. Und da könne es natürlich sein«, sagt sie, heiße es da, »dass irgendwelche Leute mal handgreiflich werden, um diesen Störfaktor auszuschalten.« Es liefe dabei nach dem Muster ab: Die schubs ich mal in die richtige Richtung.

Der dritte Bürgermeister habe sich nach der Wiederholung des Beitrags eigens auf den Weg gemacht, um ihr die richtige Richtung zu weisen und um seinen Unmut über die falsche Richtung, die hier eingeschlagen worden war, persönlich zu übermitteln. Abends um neun sei er bei ihr, der Fernsehjournalistin, vor der Tür gestanden. Er habe begonnen, sich darüber zu beschweren, dass der »Judenbeitrag« nun doch wieder gesendet worden sei, obwohl er doch bereits die Erstausstrahlung missbilligt habe. Das sei ihm ein Ärgernis, denn alles sei falsch darin, nichts stimme da, und er wolle diesen Beitrag nie mehr wieder im Programm sehen. Ich solle dafür sorgen, habe der dritte Bürgermeister gesagt, dass der Beitrag nicht noch einmal gesendet werde. Direkt ins Gesicht hinein habe er ihr nicht gedroht, lediglich versteckt in einer wohlmeinenden Floskel. Es wäre besser für mich, habe er gesagt, wenn ich diesen Beitrag nicht mehr senden würde.

Anderntags hatte der Studioleiter beim ersten Bürgermeister von Hausen angerufen und sich offiziell beschwert über den Versuch eines Mitglieds des Gemeinderates, die journalistische Freiheit einzuschränken. Der Bürgermeister hatte dem Studioleiter gegenüber sein Befremden über diese Aktion des Gemeinderates geäußert und versichert, solchem Treiben künftig Einhalt zu gebieten.

Aber, sagt die Journalistin, im Grunde hätten ihre Gegner ihr Ziel erreicht. Sie berichte nun nicht mehr aus der Region, das überlasse sie jetzt den Kollegen. Das sei ein bisschen feige, sagt sie. »Doch wenn es hier Leute gibt, die mich so sehr hassen, die tun mir am Ende noch was an oder meinen Eltern, die ja in Hausen leben.« Die Haustür des elterlichen Hauses hätten Unbekannte bereits beschmiert und beschädigt.

Sie könne sich die starke Emotionalität nicht erklären, denn es sei ja keine so große Sache, eine Schule zu benennen, die keinen Namen habe. Zumal es darum gehe, zwei Hausener zu ehren, die etwas Gutes getan hatten. Es gehe hierbei doch um eine konkrete Rettung, um etwas Kirchliches fast, um eine Tat wie die des guten Samariters. Und warum die Menschen das hier nicht anerkennen wollten, gerade hier in Hausen, wo alle so katholisch seien, das, sagt sie, verstehe sie nicht.

2   Am Samstag, dem 28. April 1945, war der Hausener Meister der Landpolizei, Max Maurer, von Hausen nach Maiburg geradelt. Fünf Kilometer waren es auf der Landstraße. Es regnete und war kalt. Max Maurer hatte Anweisung, an der Gemeindegrenze dreizehn jüdische KZ-Häftlinge von seinem Kollegen Kimmerling zu übernehmen. Sie sollten nach Dachau gebracht werden. Sieben der Häftlinge waren am Vortag in der Scheune des Bauern Schmalzl in Oberberg, drei Kilometer von Maiberg entfernt, aufgefunden, sechs weitere im Umkreis aufgegriffen und von der Ortspolizei in Arrest genommen worden. Max Maurer übernahm die Häftlinge an der Gemeindegrenze von seinem Kollegen und ging mit ihnen los.

Sechzig Jahre später fahren wir die Strecke in entgegengesetzter Richtung, der pensionierte Grundschulrektor Reiter und ich. Reiter ist der Schwiegersohn des verstorbenen Polizeimeisters Maurer. Er hat nach dem Krieg Maurers einzige Tochter geheiratet. Im April 1945 war er nicht in Hausen, sondern seit Monaten schon in russischer Gefangenschaft.

»Ich weiß es natürlich nur aus Erzählungen«, sagt Herr Reiter, während er zügig von Hausen nach Maiberg fährt. Er braucht mit achtzig noch keine Brille und hat erst im Herbst erneut die Pilotentauglichkeit bestätigt bekommen. Wenn er Zeit habe, sagt er, fliege er mit einem kleinen Sportflugzeug übers Land, manchmal bis hinauf nach Nürnberg.

»Mein Schwiegervater war ein freundlicher, schweigsamer Mann. Er hat selbst nicht viel Aufhebens von der Geschichte gemacht.« Doch weil damals nach dem Krieg über einige Monate hin zwei junge jüdische Männer, ein Achtzehn- und ein Neunzehnjähriger, im Haus des Polizeimeisters wohnten, so habe Max Maurer ihm, dem künftigen Schwiegersohn, erzählt, wie es dazu gekommen war.

»Mein Schwiegervater hat damals in Maiberg die dreizehn Häftlinge gesehen, die er übernehmen sollte. Und er hat zu seinem Maiberger Kollegen gesagt: ›Ja mein lieber Mann, schau her, die bring ich doch nicht bis zur nächsten Ortschaft. Die können doch nimmer gehen, die sind doch in einem furchtbaren, bedauernswerten Zustand.‹« Doch der Auftrag war auszuführen, sagt Herr Reiter, und so habe der Polizist Maurer die dreizehn Juden von seinem Kollegen übernommen. Diese dreizehn Häftlinge, so habe ihm sein Schwiegervater erzählt, sollten noch nach Dachau transportiert werden. Und während sich der Zug dieser Menschen so unvorstellbar langsam fortschleppte, habe der Polizist Maurer die Bitte eines Häftlings gehört. Der habe, als der Polizist an ihm vorbeigegangen sei, gesagt: Bitte, helfen Sie uns. Bitte, treiben Sie uns nicht weiter. Geben Sie uns bitte eine Rast. So in etwa habe der Häftling sich geäußert. Es sei der Dr. Josua Lusztig gewesen, sagt Herr Reiter, ein Rechtsanwalt aus Tschechien, der da für die andern um Schonung gebettelt habe. Und Max Maurer, der Meister der Landpolizei, sein Schwiegervater, der habe diese Gestalten gesehen, die am Ende waren, und da habe er sich erweichen lassen und nachgedacht, wie er das am besten anstellen könnte, diesen Menschen zu helfen.

Wir fahren durch den windigen Tag, Schneegraupel prallt an die Scheibe und legt sich als frisches Weiß über den grauen Altschnee auf den sanft gewellten Hügeln. Da taucht linkerhand ein Gehöft auf, einsam inmitten der ruhenden Felder, und wir verlassen die Landstraße, biegen ab und fahren auf einen weiträumigen Hof.

Hier, sagt Herr Reiter, habe sein Schwiegervater die Bäuerin Gnadl angesprochen. Die habe an jenem Apriltag im Hof gestanden, und der Polizist Maurer, der die Bauersleute nicht nur gut gekannt habe, sondern auch mit ihnen befreundet gewesen sei, der habe zur Anna Gnadl gesagt: »Schau her, Gnadlin«, so wörtlich habe er das gesagt, »Gnadlin, schau her, die Menschen soll ich jetzt weitertreiben, des sind dreizehn Juden. Schau's dir an«, habe der Polizist Maurer gesagt, »das geht doch nimmer. Geh, laß sie in dein Stadl rein. Versteck sie da hinten im Heu, die Amerikaner werden bald da sein.« Es heiße, sie seien bereits in Regensburg und auf dem Vormarsch. Es könne nicht mehr lange dauern, bis sie da seien, habe sein Schwiegervater gesagt.

Wir sitzen im Auto auf dem Hofgelände. Kein Tier, kein Mensch weit und breit. Reglos alles, und unterm Schneegraupel beginnt die Windschutzscheibe zu erblinden.

»Es war eine momentane Entscheidung«, sagt da der Lehrer

Reiter, »und zu der musste sich der Polizist Maurer bekennen. Und«, sagt er, »er hätte sich auch dazu bekennen müssen, wenn er erwischt worden wäre. Er hätte dann bekennen müssen, dass er das furchtbare Verbrechen begangen hat, diese Menschen zu verstecken und nicht weiterzuführen.« Max Maurer habe ja gewusst, sagt Herr Reiter, dass er als Polizeibeamter dem System verpflichtet war und er diesen Befehl, die dreizehn weiterzuführen, hätte ausführen müssen. »Es war also eine Befehlsverweigerung, die mein Schwiegervater da begangen hat. Er hat sich dem Befehl widersetzt und gesagt: Das kann nicht sein, dass diese Leute noch mehr gequält werden, als sie es ohnehin schon waren. Die SS, das war bekannt«, sagt der Lehrer Reiter, »die war im Ort und in der Gegend noch anwesend. Die haben in diesen letzten Kriegstagen noch Leute aufgehängt, die sich Befehlen widersetzten oder die die Einheit verlassen hatten. Noch in den letzten Tagen, ja Stunden, bevor die Amerikaner kamen, sind hier Leute umgebracht worden«, sagt Reiter. »Wenn mein Schwiegervater erwischt worden wäre, wär sein Leben an einem seidenen Faden gehangen, genauso wie das der Bauersfamilie Gnadl.«

Der Lehrer Reiter klopft jetzt an die Tür des Bauernhauses, und da steht Zita Gnadl vor uns: »Kommt rein«, und schon treten wir in die dämmrige Stube.

»Ich bin ʼ45 fast dreizehn gʼwesen«, sagt Frau Gnadl und bittet uns an den Tisch. »Trinken Sʼ erst amoil was Warmes«, sagt sie und schenkt dampfenden Holundertee ein. »Dass Sʼ net krank wern, bei dem Wetter.«

Es habe damals in Strömen geregnet, sagt sie, das wisse sie ganz genau. Sie habe bis heute ein gutes Gedächtnis. Und dann sei es plötzlich kalt geworden, denn am 1. Mai habe es geschneit. »Am 28. und am 29. hat's einen Schnürlregen gegeben«, sagt sie, »und zwei Tag später hat's dann geschneit, ganz weiß ist alles gewesen, Ja«, sagt Zita Gnadl, »ich war damals beim Einkaufen gewesen, und wie ich durch die Ortschaft gegangen bin, da ist mir mein Bruder entgegengekommen und hat g'sagt, ›Zita, du, bei uns ham's so Männer reingetan, solche mit Sträflingskleidung, solche, wie man manchmal sieht, wie sie auf der Straß durchg'führt werden, mit Bewachung. Solche, von denen man g'sagt hat‹, hat mein Bruder g'sagt, ›dass es Sträflinge sind.‹ Und da hab i mir denkt: Mei, da san ja jetzt Mörder bei uns.«

Sie sei nach Hause gelaufen, und da habe sie die Häftlinge im Hof gesehen. »Und das«, sagt die Bäuerin Gnadl und beginnt plötzlich zu weinen, »das war furchtbar – ein furchtbarer Anblick, als ich die Männer gesehen hab. Und ich glaub, wie man das gesehen hat, da hat man gar nicht geglaubt, dass es so was gibt, wissen S', das hat man gar nicht glauben können, dass man Menschen auch so zurichten kann. Das hab ich noch nie g'sehn g'habt und hab auch nicht gewusst, was mit den Juden gemacht worden ist. Wir sind in der Schul auf Hitler und Itzig trainiert worden, und da ist des net im Programm g'standen.«

Und wie die dreizehn Männer da im Hof gestanden seien, verlaust und verdreckt seien sie gewesen, da habe der Polizist Maurer zur Bäuerin Anna Gnadl Folgendes gesagt: »›Anna, des wenn sich mal rächt, was wir denen angetan haben, dann ziehen die uns die Haut ab.‹ Das hat der Herr Maurer zu meiner Mutter gesagt.«

»Und er hat«, sagt da der Lehrer Reiter, »wie meine Frau mir später erzählt hat, zu Hause geweint, weil er g'sagt hat, das gibt's doch nicht, was man diesen Menschen angetan hat. Er hat gesagt, hat mir meine Frau gesagt: ›Wenn wir das büßen müssen, dann wird's uns mal schlecht gehen. Dann wird man uns die Haut bei lebendigem Leib abziehen.‹«

»Das war ein so furchtbarer Anblick, wie die kommen sind. Die haben alles hinter sich gehen lassen; bei uns war des alles voll. Und meine Mutter hat ihnen dann eine Kartoffelsuppe gegeben, und die waren dann so kaputt und fertig und bloß froh, dass sie ein Stroh g'sehn haben und sich hinlegen konnten. Die waren einfach am End. Nein«, sagt Zita Gnadl, »wenn man die Männer gesehen hat, da glaub ich, dass man gar nicht anders handeln hätt können. Und«, sagt sie, »wer hat das gewusst, was kommt, am nächsten Tag? – Das hat niemand gewusst.

Meine Mutter hat sechs Kinder g'habt«, sagt Zita Gnadl. »Sie hat uns Kinder alle sehr gern gehabt, und da sieht sie die Häftlinge und sieht, wie jugendlich die waren, die meisten waren ja noch so jung, und das, glaub ich«, sagt sie, »das hat ihr zugesetzt«.

Die Mutter habe nicht darüber gesprochen, aber das Elend von diesen Menschen, die schlimmer als ein Stückl Viech behandelt worden seien, das zu sehen, habe ihr zugesetzt. »Dass man Menschen so zurichten kann«, habe die Mutter gesagt.

Hat Ihre Mutter bedacht, was es für sie bedeuten kann, jüdische Häftlinge zu verstecken?

»Ich glaub, die hat da gar nimmer denken können«, sagt Zita Gnadl. »Wenn man so was sieht, da denkt mer net dran, was da sein könnt.«

Am Abend seien dann noch vier SS-Leute gekommen, sagt Zita Gnadl, die hätten in der Küche gesessen und gegessen und getrunken und seien dann weitergefahren. Die Kinder hätte die

Mutter frühzeitig ins Bett geschickt, um zu verhindern, dass sie versehentlich etwas Verdächtiges sagen. »Und mitten in der Nacht sind noch Fanatiker vorbeigekommen, die haben gerufen: ›Euch Saubayern, euch hängen wir alle noch auf, mit euren weißen Fahnen im Schrank.‹

In der Früh bin ich wach worden und hab mir gedacht: Mei, was ist denn heut auf der Straß los? Da war ja noch kein Asphalt, sondern Granitpflaster, und da war mit einem Mal ein Krach, und die Fensterscheiben haben gezittert, und dann hab ich gesehen, dass das Panzer sind, und die Ketten von den Panzern, die haben so einen Krach gemacht. Und auf den Panzern saßen die Amerikaner. – Und dann hat die Mutter das Scheunentor aufgemacht und hat g'sagt: Die Amerikaner sind da. Der Krieg ist aus. Und dann waren halt die Juden frei.«

Es ist still in der Stube, nur die Uhr mit den Rosenranken rund ums Ziffernblatt tickt, und ihr Pendel schwingt zwischen den unmerklich aufsteigenden und herabsinkenden Messinggewichten in gleichbleibendem Takt, und für einen Moment erscheint dieser unbeirrt fest schlagende Takt wie der Herzschlag der Welt.

»Der Doktor aus Paris«, sagt Zita Gnadl in dieses Ticken hinein, »der hat 's nimmer geschafft. Aber die andern zwölf, die ham schon überlebt.«

3 In München traf ich John Weiner. Er war aus Australien angereist. Nach dem Krieg hatte er als Achtzehnjähriger ein paar Monate in Hausen gewohnt und besucht den Ort bis heute. »Ich betrachte Hausen als meinen zweiten Geburtsort«, sagt er.

John Weiner setzte sich mir gegenüber und sprach eine Stunde lang ohne Unterbrechung ins Mikrophon.

»Ich war in Buchenwald bis zum 7. April 1945. Am siebten hat man uns von dort herausgetrieben. Man hat eine Gruppe von 1560 Häftlingen geformt und uns in Fünferreihen zum Tor hinausmarschieren lassen. Das war eine lange Schlange von Menschen, und man hat uns einen starken Marsch befohlen. Ungefähr achtzig bis hundert SS-Leute sind auf beiden Seiten von uns mitmarschiert, und auch fünfzehn bis zwanzig Wolfshunde waren dabei. Sie waren trainiert, uns auf Befehl anzugreifen. Am Ende dieser elenden Kolonne war ein Wagen, eine Karre, darauf waren die Lebensmittel und das Eigentum der SS-Leute, und den Wagen mussten Häftlinge ziehen und schieben. Wenn einer nicht mehr konnte, wenn er zusammengefallen ist, dann hat man ihn in den Kopf geschossen, und fertig war er. Blieb liegen am Straßenrand.

Wir marschierten zwanzig Tage lang und sind auch sechs Nächte hindurch marschiert. Jeden Tag hat die SS die Hunde auf uns gehetzt, jeden Tag hat die SS viele Menschen erschossen. In meiner Reihe war ein norwegischer Jude. Ich werde sein Gesicht nie vergessen. Er war bereits sehr schwach, und der

SS-Mann trat in die Reihe, hat meinen Nachbarn gegriffen, hat ihn bei der Brust gepackt und ihn herausgerissen aus der Reihe. Und wie dieser Mann da am Straßenrand stand und wie er den SS-Mann angeschaut hat, voller Verzweiflung, mit Flehen um Gnade hat er ihn angeschaut mit diesen Augen, er hatte die schönsten blauen Augen, aber der SS-Mann hat ihn hingestoßen auf den Boden und schon in den Kopf geschossen.

In dieser zwanzigsten Nacht haben wir eine Scheune erreicht, dort haben sie uns hingestellt, abgezählt, wir waren noch 320. Da hat man uns hineingegeben in diese Scheune, und sie haben die Scheune zugesperrt. In der Nacht war eine riesige Detonation. Heute wissen wir, dass es die Eisenbahnbrücke in der Nähe war. Die hatte der Volkssturm gesprengt, weil er Angst gehabt hat, dass die Amerikaner durchkommen. Aber die SS vor der Scheune dachten, dass es die Amerikaner schon geschafft hätten, durchzukommen, und sie haben die Scheunentür aufgerissen und angefangen zu schreien: raus, raus, raus. Ich wusste, dass ich keine Energie mehr hab, weiterzumarschieren, und hab zu meinem Freund, der neben mir gelegen ist, ein sechzehnjähriger Bursch, hab ich zu ihm gesagt: Du, Andràs, ich werd mich verstecken in diesem Heu, komm mit; da sagte er: ja – ja. Und so haben wir uns versteckt, und die andern sind weitergetrieben worden.

In der Früh hat man uns gefunden. Mit Heugabeln. Sie haben sieben von uns gefunden, und auch sechs andere hat man gefunden in der Umgebung, die sich draußen versteckt hatten. Da waren wir dreizehn. Die Polizei war gerufen worden und der Befehl war gegeben, dass man uns ins Gefängnis bringen und dort erschießen sollte.

Wir sind gegangen, so wie wir eben konnten. Da kommt ein

anderer Polizeimann auf einem Fahrrad und hat gesagt, die könnten uns nicht aufnehmen, denn das Gefängnis sei voll. Wir müssten weitergebracht werden in die nächste Stadt, die ein größeres Gefängnis habe. Da hat man den Polizeimann von der nächsten Gemeinde gerufen. Er war ein Mann von mittlerem Alter, heute wissen wir, er hieß Max Maurer.

Wir haben angefangen zu gehen, und er erlaubte uns, so zu gehen, wie wir konnten, und das war nicht viel. Wir haben uns geschleppt, wir haben ein Bein nach dem andern gesetzt, denn wir wussten, wenn wir es nicht tun, werden wir geschlagen oder erschossen.

Wir schauten aus zu dieser Zeit so, wie man es sich nicht vorstellen kann. Wir waren dreckig, wir waren verstunken, wir waren voll mit Läusen, voll mit Krätze, wir haben uns nicht gewaschen, wir haben keine Energie mehr gehabt, unsere Augen waren beinahe in unseren Kopf hineingesunken, wir haben keine Wangen mehr gehabt, wir waren ohne Lebenslust. Wir waren kahl, inwendig kahl.

Als wir so gingen, hat einer von uns, ein tschechischer Advokat, das war Herr Dr. Josua Lusztig, der ein sehr gutes Deutsch gesprochen hat, er hat etwas getan, was noch heute heldenhaft für mich ist: Er hat einen deutschen Polizeimann angesprochen. Das war etwas Unglaubliches. Nicht mal gedacht hat man daran, einen Deutschen anzusprechen, besonders nicht einen Polizeimann. Man hat sich nicht mal getraut, denen ins Gesicht zu schauen und hat den Kopf immer nach unten gehabt.

Und dieser Mann hat begonnen, den Polizeimann zu bitten, unser Leben nicht zu nehmen. Er hat gesagt, die Amerikaner sind nicht mehr weit, es kann nicht mehr lange dauern, wir haben unser Leben bis hierher behalten, warum sollen wir es jetzt verlieren. Und dieser Polizeimann hat Erbarmen gehabt. Vielleicht hat er seine Kinder in uns gesehen. Der Jüngste von uns war fünfzehn, obwohl wir viel älter ausgesehen haben, der Älteste war vielleicht zweiunddreißig.

Und er hat uns in den Bauernhof einer Familie Gnadl gebracht, und dort hat er zur Frau Gnadl gesagt, der Max Maurer hat zu der Frau Gnadl gesagt, dass sie uns möchte in der Scheune übernachten lassen, und er hat gesagt, Frau Gnadl, wenn uns das angetan würde, was denen angetan wurde, dann müsste man uns unsere Haut lebendig abziehen.

Und die Frau Gnadl hat uns das Scheunentor geöffnet und dann für uns eine Kartoffelsuppe gekocht und einige konnten den Löffel nicht mehr halten, weil sie zu schwach waren dazu, und andere, sobald sie die Suppe gegessen haben, hat die Suppe ihren Körper durch das andere Ende wieder verlassen.

Dann hat Max Maurer gesagt: ›Bleibt in der Scheune, lasst euch nicht sehen. Morgen ist ein anderer Tag – werden wir sehn.‹

Also, der Polizeimann Max Maurer hat uns dort gelassen, und wir sind eingeschlafen. Am nächsten Morgen schreit einer von uns: ›Die Amerikaner sind da.‹ Wir sind hinausgestolpert. Wir waren befreit.«

4 »Dass das Verhalten von Maurer einen menschlichen Zug zeigt«, hatte der Fraktionsvorsitzende der Freien Wähler gesagt, »das ham mir net bezweifelt.«
Man dürfe auch nicht vergessen, hatte sein Kollege, der Ge-

meinderat Eder, eingeworfen, der Herr Maurer sei schließlich viele Jahre in der Partei gewesen. »Er war schließlich viele, viele Jahre Mitglied der NSDAP. Uns liegt eine eidesstattliche Erklärung vom Herrn Maurer vor, vom August 1945. In der hat er das Ganze ganz nüchtern beschrieben. Der Ortspolizist der Nachbargemeinde, so steht da drin, der hat ihm anscheinend die dreizehn KZ-Häftlinge übergeben, und der Herr Maurer hat s' von ihm übernommen und hat s' dann bei der Frau Gnadl untergebracht. Selber ist er aber auch nicht dabei geblieben, sondern ist nach Hause gegangen und am nächsten Tag waren bereits die Amerikaner da und haben die KZ-Häftlinge gerettet.«

»Ja«, hatte der Bezirkskaminkehrermeister und Fraktionsvorsitzende der Freien Wähler Stinglhammer gesagt, »es ist ein Fakt, dass er nicht bei denen geblieben ist, sondern er hat sich von dem Ort entfernt und die ham sich dann am nächsten Tag selber gemeldet.«

Warum hätte er bei den Häftlingen, die er versteckt hat, bleiben sollen?

Stinglhammer: »Ja, das weiß ich nicht – warum hätt er nicht bleiben sollen?«

Eder: »An Spekulationen möchte ich mich nicht beteiligen, aber der Herr Maurer hat am 28. April – da hat der sich doch sicher auch Gedanken gemacht, was die Amerikaner mit Parteimitgliedern machen werden und Ähnliches – da hat er sich sicher das alles überlegt. Das wusste ja keiner, was dann passiert. Ich mein bloß«, sagte er, »dass Maurer sich Gedanken darüber gemacht hat, das ist doch sicher klar.«

Stinglhammer: »Wir hängen uns eher an der Person Maurer auf, an einer Person, die kurz bevor die Amerikaner einmarschieren, noch schnell was Gutes tut. Er hat ja net die Aufgabe gehabt, die Leut zu erschießen, er hat die ja nur von Ort zu Ort bringen sollen und das ist ja, äh ...«

Eder: »Das ist der Knackpunkt für uns, wo wir sagen: Ja, ist das jetzt wirklich rein aus Menschlichkeit passiert oder war da schon ein Teil dabei, wo er sich selber auch retten hat wollen.«

Stinglhammer: »Wenn da SS irgendwie in der Gegend g'wesen wäre, wär das sicher ein Problem g'wesen, wo der Herr Maurer vielleicht anders, äh, vielleicht anders sich verhalten hätte.«

Eder: »Ein Polizist, der ist jetzt auch in Yad Vashem geehrt worden, bloß, von der Qualität her ist es bei dem ganz was anderes. Ich weiß net, wie lang er sie beherbergt hat, die jüdische Familie, und er ist dann auch selbst ins KZ gekommen – ich sag, von der Qualität her, wenn man so was sieht, dann hat man einfach seine Probleme mit diesem Max Maurer. Am letzten Tag, am letzten Drücker.«

5   In der Kirche St. Peter und Paul wird saubergemacht. Im hellen Kirchenraum hantieren zwei Frauen mit Lappen und Eimer, und eine junge Frau kommt mit ihrer Einkaufstasche und steckt eine Kerze an.

Er habe sich für die Pfarrei beworben, weil sie eine lebendige Pfarrei sei, wird der Pfarrer Bäumler gleich sagen.

Eine Kerze anzustecken kann erleuchtend sein, und so stecke ich auch eine Kerze an, den Sinn voll Eigennutz. Und während die drei Frauen zusammenstehen und über die anstehende Faschingsverkleidung reden, setze ich mich auf die Hinterbank, und die Stimmen der Frauen verhallen im großen, bescheiden geschmückten Raum, und die Stimme der Schulleiterin wird für mich jetzt wieder hörbar, die von der Ablehnung des Fremden erzählte und von der offenen Aggression der Schüler – »du Türkensau« –, und zur Rede gestellt: »Das sagt der Papa auch.« Was wollen sie erreichen, mit ihrer Ablehnung und Abwertung des Fremden, fragte sie. Und gleichzeitig sei da die Interessenarmut der jungen Lehrer mit den vorzüglichen Hochschulabschlüssen, eine Art Gleichgültigkeit gegen das, was die Gesellschaft brauche, emotionale Kompetenz, Lebenstüchtigkeit. Wo ist der Mensch mit seiner Empathiefähigkeit geblieben, hatte sie gerufen.

Die Frau mit der Einkaufstasche beugt das Knie vor dem Marienbild und bekreuzigt sich, die beiden andern greifen zu Wischlappen und Schrubber, und ich gehe hinaus und hinüber zum alten Pfarrhof.

Pfarrer Bäumler und der Gemeindereferent Steiner wollen Auskunft geben über das, was die Gemeinde empört und entzweit. Doch das Thema scheint so sperrig, dass es dem redegewandten Pfarrer zunächst den festen Zugriff verstellt. Er schaut hoch zum Kreuz über der Tür und ringt nach Worten.

Wo, Herr Pfarrer, ist der wunde Punkt, der die Namensgebung der Schule verhindert?

Das Merkwürdige, sagt schließlich der Pfarrer, sei ja, dass es zunächst einen einstimmigen Beschluss gegeben habe für die Benennung. Und dann sei die Wendung gekommen, die zwar eine Ehrung nicht ausschließe, aber die Schule kategorisch ausnehme. »Da muss es Gründe geben«, sagt der Herr Pfarrer und mit einer Art Stoßseufzer, »Gründe, die ich net weiß.«

Der Gemeindereferent, ein großgewachsener junger Mann, erzählt, wie ihn damals im Pfarrsaal die Feier von Yad Vashem zu Ehren Max Maurers und Anna Gnadls berührt habe und wie er seither nicht nur Befürworter der Namensgebung sei, sondern auch an der geschichtlichen Aufarbeitung dieser Zeit in der Schule verstärkt mitwirke.

»Für mich«, sagt der Gemeindereferent, »wär der Schulname eine Möglichkeit gewesen, dass wir uns eindeutig positionieren, gerade in einer Zeit, in der über Wertevermittlung diskutiert wird, da wäre das ein naheliegendes, praktikables Beispiel.«

»Ein Argument der Gegner des Schulnamens«, sagt der Herr Pfarrer, »das ist diese eidesstattliche Erklärung, die der Max Maurer zur Entnazifizierung abgelegt hat. Ich hab mir die einmal durchgelesen. Er hat darin ganz sachlich den Vorgang geschildert. Hätte er damals sagen müssen, ich hab da eine tolle Tat vollbracht und hab die dreizehn gerettet? Dann hätte man wahrscheinlich gesagt, schaut, den Angeber. Das muss ein ganz normaler bescheidener Mensch gewesen sein, der Max Maurer. Also für mich kein Grund, dass man gegen den Schulnamen wär.«

»Es mag vielleicht manches in seinem Leben gegeben haben«, sagt der Gemeindereferent, »das manche wieder veranlasst, zu sagen, da, schaut's an, der hat ja auch Fehler gehabt. Aber genau das macht mir die Tat sympathisch, dass jemand, der Licht und Schatten hat, wach war und menschlich war.«

»Ich glaub', bei jedem Heiligen«, sagt der Herr Pfarrer, »bei jedem, der in der katholischen Kirche heiliggesprochen worden ist, gibt es Licht und Schatten.«

Wenn man sich mal die Argumente anschaue, sagt er, die gegen den Namen der Schule vorgebracht würden, so würden für die Ablehnung selten Gründe angegeben. Viele begnügten sich damit zu sagen: Ich bin einfach dagegen. »Und wenn man dann nachfragt«, sagt Pfarrer Bäumler, »bekommt man zur Antwort, der Name sei nicht passend und Ähnliches. Aber das ist ja kein Grund für eine Ablehnung«, sagt er. »Es muss ganz andere Gründe geben, von denen ich nichts weiß.«

Dieses Angehen gegen die Gleichgültigkeit, sagt er, das sei mitunter das Schwierigste, was es im Leben gäbe. Gegen die Gleichgültigkeit anzugehen und Mitgefühl bei Menschen zu wecken, das sei oft sehr schwer.

»Drum«, sagt der Herr Pfarrer, »ist es auch so schwierig, die wirklichen, die wahren Gründe der Ablehnung zu finden.« Einer der Gegner habe einmal ihm gegenüber geäußert: Lasst uns halt mit dieser Zeit in Ruhe.

Vermuten Sie, Herr Pfarrer, hinter der Ablehnung eine antisemitische Haltung?

Der Pfarrer schweigt. Die Uhr tickt. »Das mag's sicher geben«, sagt er zögernd. »Bei manchen«, sagt er. »Das kann ich nicht ausschließen.«

»Ich denk«, sagt der Gemeindereferent, »wir haben den Nationalsozialismus noch lange nicht aufgearbeitet. Diese Geschichte hat eine eigene seelische Dynamik, die über Generationen weitergeht. Bei jeder Generation, die nachwächst, muss man neu ansetzen. Das ist etwas, was auf einer gewissen Ebene nie zu Ende sein wird.«

Er glaube, sagt der Pfarrer, dass das ein generelles Problem der heutigen Zeit sei. Es bestünde nicht nur in Hausen, sondern in ganz Deutschland. Es sei eben diese Gleichgültigkeit vieler Menschen, eine Gleichgültigkeit, die auch damals so viel Böses ermöglicht habe. Den meisten Menschen, sagt er, sei diese dunkle Vergangenheit egal. Und sie bezögen dazu keine Stellung. »Wenn andere Orte dasselbe Problem hätten«, sagt der Pfarrer, »dann würde das dort ganz genauso sein. Ich glaub, die Leute sind hier nicht anders als woanders auch.«

Wird es dadurch weniger erschreckend?

Der Pfarrer Bäumler wirft einen raschen Blick aufs Kreuz über der Tür, als bedürfe sein Schlusswort einer Rückversicherung. »Durch die ganze hartnäckige Gegnerschaft«, sagt der Pfarrer Bäumler, »haben die Leute sich einen Bärendienst erwiesen. Jetzt werden wir durch einen jährlichen Gedenkgottesdienst diese Geschichte lebendig halten.«

6   Am Mittag sitzen in der Gaststube drei Gäste am Stammtisch beim Bier und unterhalten sich über das Fahrverhalten bei Schnee. »Hinter mir«, sagt ein jüngerer schmächtiger Mann, »hab ich nur die Blinkhupe gesehen, und da überholt der mich und tritt gleich vor mir auf die Eisen. Den wann i erwisch«, sagt er. »Ja«, ruft die Frau, »der muss sich totzahlen.«

Die Gemüter erhitzen sich noch mehr bei einer Geschichte über Steinschlag, der offenbar vor allem von Polen und Tschechen verursacht wird, und dies führt zu einer allgemeinen Betrachtung über Ungerechtigkeit und die Bevorzugung der Großen.

Ich habe einen Termin in der Schule und frage den Wirt nach dem kürzesten Weg dahin. »Den werd ich schon noch wissen«, ruft ein Mann vom Stammtisch her. Fünfundzwanzig Jahre sei er dort Hausmeister gewesen. Damals, ja, da sei 's noch gut gewesen. Als Hausmeister hätte man einem Störenfried einfach eine gelangt, und dann sei a Ruh gewesen. Heute sei das alles nicht mehr möglich.

Noch einmal empfängt mich der Rektor Wieland in seinem Rektoratszimmer. Vom Schulhof schallen die Rufe der Kinder, durch die halb herabgelassene Jalousie fällt Wintersonne herein.

»Es gibt«, sagt der Rektor, »nach wie vor einen latenten Antisemitismus mit einer gewissen Affinität und einer Bewunderung für die Hitlerzeit. Man hört hier immer mal wieder, man brauche wenigstens einen kleinen Hitler heute, und ich denke«, sagt Rektor Wieland, »dass man die Gräueltaten ausblendet und eine Mystifizierung der Zeit betreibt, die durch nichts gerechtfertigt ist. Das hat auch dazu geführt, dass Nachkommen der Familie Gnadl mich gebeten haben, dass, wenn die Schule benannt werde, wir die Anna Gnadl aus dem Schulnamen weglassen sollten«, sagt er. »Der junge Gnadl hat zu mir gesagt: Ich hab Kinder hier an der Schule und hab Angst, dass die Kinder dann angepöbelt werden.« Auch hätte er Angst vor möglichen Anschlägen, habe der Enkel der Bäuerin Anna Gnadl gesagt. Es seien da bereits Drohungen ausgesprochen worden.

»Ich hab zu ihm gesagt«, sagt der Rektor, »wir dürfen jetzt nicht einknicken vor dem rechten Pöbel. Und ich denke«, habe er zu dem jungen Gnadl gesagt, »deine Großmutter hat aufgrund ihrer Tat eine Ehrung verdient. Es war eine mutige Tat, geprägt von Zivilcourage in einer menschenverachtenden Zeit, die bis heute vorbildhaft geblieben ist.«

Die Schulglocke läutet, Rufe und Getrappel von ein paar hundert Kinderfüßen hallen durchs Gebäude.

»Es versteht kein Mensch«, sagt der Rektor, »warum man sich hier so sperrt. Ohne ausreichende Argumente. Man will die Zeit nicht sauber aufarbeiten, sondern verdrängen.«

Aber was steckt dahinter?

»Da stoßen Sie auf eine Mauer des Schweigens«, sagt der Rektor. »Man verbirgt sich hinter Argumenten wie: Warum braucht die Schule überhaupt einen Namen? Oder: Diese Geschichte ist den Grundschülern nicht vermittelbar. Man will endlich mit der Geschichte des Zweiten Weltkriegs in Ruhe gelassen werden.«

Glauben Sie, dass wenn das dreizehn Italiener oder Franzosen oder gar dreizehn Bayern gewesen wären, die Max Maurer und Anna Gnadl gerettet hätten, dass dann die Haltung anders wäre?

»Ja, ich glaube, dann bräuchten wir heute nicht mehr zu diskutieren. Dann wäre eine Namensgebung kein Problem gewesen.«

7 Auftritt des Richters Roland Schütz. Er sitzt für die Freien Wähler im Gemeinderat. Der Richter Schütz ist um die vierzig und sportlich. Er betritt das Zimmer im Rathaus, in dem ich ihn erwarte, mit einer alles andere als gelassenen Bestimmtheit. Das Mikrophon müsse weg, ruft er, und fast scheint es, als wolle er mit dieser ausholenden Handbewegung auch die Journalistin wegwischen, weg in die Ecke zumindest, zu den Kartons mit den ausrangierten PCs.

Der Tisch ist breit, an dem wir sitzen. Genügend Abstand zu

den Emotionen, die sich, wie er sagt, an diesem Thema festmachen. Gerade dieser Emotionen wegen habe er sich die Mühe gemacht, den Sachverhalt einmal zu ermitteln. Ja, zu protokollieren, gestatte er mir, sagt der Richter Schütz und setzt an zu einer kleinen Einführung über Ermessensentscheidung und Sachverhaltsermittlung. Dazu habe er die zweiseitige handschriftliche Erklärung des Max Maurer herangezogen, die dem Entnazifizierungsantrag beigelegen habe, eine Schilderung des Hergangs im Stil eines Polizeiprotokolls. Ist diese Tat, fragt Herr Schütz, so hochwertig? Nein, antwortet er selbst, die sei nicht so hochwertig, dass sie für die Namensgebung der Schule tauge. Es hätte nicht den sicheren Tod für die dreizehn Häftlinge bedeutet, wenn Maurer sie auf die vorgesehene Weise weitergeführt hätte. Wir haben nicht bestätigt gefunden, sagt er, dass Maurer den Befehl gehabt hatte, sie zu erschießen. Wenn diese Kriterien erfüllt gewesen wären, die Verweigerung der Erschießung, dann wäre das ein Grund zur Ehrung, so aber sehen wir Lebensgefahr und Lebensrettung nicht in dem Maße erfüllt, dass er es verdient hätte, der Schule seinen Namen zu geben. Wir sehen wohl die menschliche Komponente seiner Tat, sagt der Richter. Die Menschen waren hungrig und ausgebrannt, und dass man die speist, sagt er, das sei eine menschliche Tat, und die ehren wir mit der Tafel.

Wie denn eine Tat aussehen müsse, damit sie eine Ehrung erster Klasse mit der Benennung einer Schule verdiene?

Wenn sich Maurer der SS in den Weg gestellt hätte, sagt der Richter Schütz, das wäre eine ehrenwerte Tat gewesen. Eine heroische Tat wär das gewesen, wenn sich einer der SS in den Weg stellt, dann: Hut ab, sagt er, Hut ab. Es gäbe viele ähnliche Fälle in der Region, die in der Endphase stattgefunden hätten.

Ich frage, an welche Fälle er denke, und er: Da müsste ich jetzt nachschauen. Jedenfalls ließen sich dann diejenigen, die auch an solchen Vorfällen beteiligt waren, er sagt »Vorfälle«, ja auch auf die Ehrentafel schreiben. Die Ehrentafel könne sozusagen jederzeit erweitert werden. Jetzt jedenfalls solle Ruhe einkehren. Er habe sich bemüht, Maßstäbe herauszuarbeiten, die für die Namensvergabe anzulegen seien, und versucht, die historische Tat als solche aufzuklären, und er habe das Ergebnis ins Internet gestellt. Er habe sich um Sachlichkeit bemüht, und da habe doch einer darauf erwidert, das sei nationalsozialistisches Richterdeutsch. Und ehe ich noch sagen kann, dass ich das auch so gelesen hätte, sagt er, das habe ihn sehr gekränkt, und so will ich der Kränkung nicht noch eine weitere hinzufügen.

8 Die Lok hängt voll grauer Eiszapfen und fährt schneestäubend durchs Land, von L. zurück nach Hausen, vorbei an Waldstücken, Feldern mit sandfarbenen Maisstrünken, Hügeln, Talmulden mit Weilern und kleinen zwiebeltürmigen Kirchen. Im Staatsarchiv in L. hatte ich die Dienstakte von Max Maurer nicht gefunden. Nach dem Krieg seien die meisten dieser Akten vernichtet worden. Aber ich war auf ein zweiseitiges Dokument von Dr. Josua Lusztig gestoßen, dem tschechischen Rechtsanwalt und einem der dreizehn Geretteten. Er hatte am 21. Mai 1946 eine eidesstattliche Erklärung von Sahy, einer Stadt im Süden der damaligen Tschechoslowakei, nach Hausen an Max Maurer geschickt und in einem Begleitbrief geschrieben, dass sich das Dokument verzögert habe, da er lange Zeit an Flecktyphus erkrankt und bettlägerig gewesen sei. Er schrieb: »Derzeit beschäftige ich mich als Advokat. Leider verlor ich meine ganze Familie, die mir die Nazi-Banditen ermordeten.« [...] »Ich bestätige und bekräftige mit vollster Bestimmtheit alles, worauf Sie sich in Ihrem Briefe berufen.

Sie erschossen niemanden, auch haben Sie niemanden geschlagen; Sie retteten uns vor dem sicheren Tode, was der weitere Transport für uns bedeutet hätte. [...]

Mit herzlichem Gruße: Lusztig«

An den Brief angehängt war die eidesstattliche Erklärung:

»Wir hielten uns in einem Heuschober versteckt, doch wurden wir bald umringt und gefangen. Man wollte uns erschießen, dann aber doch unserem Transport nachführen, von welchem wir wussten, dass es den sicheren Tod bedeutet. Zwecks weiteren Transports hat uns Max Maurer, Meister der Landpolizei Hausen, übernommen. Genannter sollte uns unserem Transport nachführen, – was, wie ich bereits bemerkte, für uns den sicheren Tod bedeutet hätte – hat uns aber in der Ortschaft Egghofen, im Hof des Bauern Gnadl, ohne jede Überwachung bei vollkommen offenen Türen absichtlich vergessen und gelassen. Nächsten Tag sind wir von den amerikanischen Soldaten befreit worden. Max Maurer war der erste Mann, der uns menschlich behandelte, und ihm können wir unser Leben verdanken. Nach unserer Befreiung bin ich zum amerikanischen Kommando gegangen, wo ich diese Vorkommnisse meldete. Man teilte mir mit, dass meine Äußerungen zur Kenntnis genommen werden, samt der Äußerungen der Kriegsgefangenen, die durch lange Jahre in der Ortschaft gelebt haben und alle

einstimmig seine menschliche Behandlung, die er ihnen zu Teil werden ließ, lobten und darum er an seinem Posten belassen wurde.

Obige Erklärung machte ich in Anwesenheit zweier Zeugen und die Echtheit bestätigt das Kreisgericht mit dem, dass ich jederzeit bereit bin, obige Angaben mit einem Schwur zu bekräftigen.

Dr. Josua Lusztig. Sahy, den 22. Mai 1946«

Der erste Bürgermeister ist Politiker. Er hat es verstanden, die Räte doch noch auf den kleinsten gemeinsamen Nenner zu bringen. Der Druck der Öffentlichkeit und der Medien war zu groß. Man hatte sich schließlich einigen können auf eine Ehrung im Kleinen, im Verborgenen oder besser: im Übersehbaren. »Das hat dann dazu geführt«, sagt der erste Bürgermeister hinter seinem großen aufgeräumten Schreibtisch hervor, »dass einstimmig der Beschluss mit 19:0 gefasst wurde für eine Ehrung in Form einer Ehrentafel im Rathaus. Und durch diese Ehrung in Form einer Tafel wird man dieser Tat auch gerecht«, sagt er.

Doch das Stimmungsbild im Marktflecken ist nach diesem Beschluss kontrovers geblieben.

Der Herr Pfarrer sagt: »Eine Tafel allein bringt's jetzt nicht.«

Der zweite Bürgermeister sagt: »Nachdem ich ja ein Befürworter bin und jeweils dafür gestimmt hab, für den Schulnamen, da ist mir jetzt klargeworden, dass der Schulname nicht durchsetzbar ist, und so hab ich mich dem allgemeinen Willen gebeugt.«

Der Gemeinderat Eder sagt: »Eine Ehrung, ja, aber keinen Schulnamen.«

Der Hauptschulrektor sagt, er finde es skandalös. Es sei ja geradezu zynisch, zu sagen, im Rathaus, das sei der meistbesuchte Ort, und deshalb ehren wir die beiden da. Die Schule aber nach ihnen zu benennen, das lehne man ab. »Das versteh ich nicht«, sagt der Rektor, »dass man sich jetzt hinter solchem Zynismus versteckt.«

Der ehemalige Grundschulrektor Reiter sagt: »Diesen Satz, den hör ich immer wieder: ›Ja, wenn er tausend gerettet hätte, dann wär es möglich, einer Schule seinen Namen zu geben.‹ Scheinbar«, sagt er, »sind einigen die dreizehn Geretteten zu wenig.«

Es wäre der Ehre zu viel, sagt der Richter Schütz, wenn man eine Schule nach diesen beiden Menschen benennen würde. Ehrung ja, aber nicht zu hoch.

Im Rathausflur, zwischen Kasse und Standesamt, wird demnächst das Ölbild eines Ehepaares in Tracht, das über einem Blumenkasten mit Immergrün hängt, abgenommen werden, damit an seiner Stelle eine Ehrentafel angebracht werden kann.

Als Ehrung zweiter oder dritter Klasse könne man diese Ehrung jetzt eigentlich nicht mehr sehen, sagt der erste Bürgermeister. »Wir sind dabei, das in Bronze zu machen, also schon aus höherwertigem Material.«

Er gehe davon aus, sagt der Bezirkskaminkehrermeister und Fraktionsvorsitzende der Freien Wähler, dass das Problem jetzt erledigt sei. Und sagt: »Der Großteil der Bevölkerung nimmt da ganz wenig Anteil.«

Und der erste Bürgermeister: »Die Gedenktafel wird vielleicht achtzig auf achtzig sein. Und es soll das Wappen der Gemeinde drauf. Da schauen wir wirklich nicht auf 1000 Euro hin oder her.«

Und der zweite Bürgermeister: »Die friedliche Akzeptanz ist mir eigentlich wichtiger. Ich hoffe, dass in Hausen jetzt wieder Ruhe einkehrt.«

9 Am Abend in der Gaststube kommt der Wirt auf mich zu und sagt, ich solle mich hersetzen. »Da gehen Sie her, an den Stammtisch; sind lauter Hausener Bürger.«

Ich bin verblüfft. Bisher hat der Wirt mir keinen Wunsch erfüllt. Das Wiener Schnitzel, das auf der Karte steht, solle ich in Wien essen, hatte er gesagt, hier gäbe es bayerisches Essen, und darum gäb's für mich jetzt einen Schweinsbraten mit Soß. Die Frage, ob ich mich mal am Stammtisch unterhalten könne, hatte er erst gar nicht beantwortet.

Ich setze mich also zu den sechs Männern an den Stammtisch. »Was wollen S' jetzt wissen? Jetzt können S' fragen«, sagt der Wirt, und auch die Wirtin stellt sich dazu.

Warum will man die Schule nicht nach Max Maurer benennen, frage ich.

»Wir sind der Meinung«, sagt der Wirt, »Maurer / Gnadl werden in unserm schönen Wohnzimmer geehrt, im Rathaus, und dann würd ich sagen, g'hört das belassen.« Die Männer nicken.

»Wer schickt Sie überhaupt hier runter?«, fragt der Mann mit dicker Brille neben mir.

»Da muss doch einer dafür zahlen«, sagt der Wirt. »Das gibt's doch nicht. Wer hat da ein Interesse?«

»Für uns Bürger ist das Thema erledigt«, sagt der ältere Mann, »warum geht's jetzt wieder hoch?«

»Warum wird das Thema immer wieder hochgekocht«, sagt der Wirt, »es gibt doch wichtigere Themen, als einer Sache nachzugehen, die mehr als 60 Jahr zurückliegt. Die haben doch die höchste Ehrung kriegt, die zwei, da drunten in Israel.« Zustimmung aus der Runde.

»Wie lang sind Sie überhaupt schon da?«, fragt der Mann mit Brille.

»Die ist doch schon seit Montag da«, sagt der Dicke.

»Nein, am Sonntag war s' schon da«, sagt der Ältere. »Die hat doch schon mit dem Bürgermeister g'sprochen.«

Ich schaue in die Stammtischrunde und in Gesichter voll Ablehnung und verhaltener Wut und denke, am liebsten würden sie mich mit ein paar Backpfeifen zum Ort hinaustreiben.

»Der Gemeinderat hat doch 13:4 gegen die Schule und 19:0 für die Tafel gestimmt«, sagt der Wirt, »was wollen S' jetzt noch?« Und ich frage, weshalb die Gegner der Ehrung eigentlich für eine Ehrentafel gestimmt haben.

»Die müssen S' fragen«, sagt der Wirt, »wir wissen da auch nix.« Alle nicken, einige grinsen.

»Da warn mir ja noch gar net auf der Welt, als des alles passiert ist«, sagt der Mann mit Brille.

»Stellen Sie doch mal Ihre Fragen«, sagt der Wirt.

Ihre Meinung würde ich gerne hören, sage ich, warum die Schule nicht nach Max Maurer benannt werden soll.

»Der Schulname ist zu viel«, sagt der Wirt. Die Männer stimmen zu. »In zwanzig Jahren weiß kein Mensch mehr«, sagt er,

»was da los war. Was Maurer und Gnadl gemacht haben, ist lobenswert, aber zur Namensgebung von unsrer Schule taugt so eine Tat nicht. Da reicht eine Tafel in unserm Wohnzimmer. Dann ist der Sache Genüge getan.«

Und wie beurteilen Sie die Tat?, frage ich.

»Wenn man die eidesstattliche Erklärung vom Max Maurer liest, kann man eigentlich annehmen, dass er aus Eigennutz gehandelt hat«, sagt der Mann mit Brille.

»Auf jeden Fall, a Schul g'hört nicht so benannt«, sagt der Ältere.

Warum denn nicht?

»Vor sechzig Jahren«, sagt der Dicke, »war der Krieg aus. Wenn heut net amoil a Lehrer da ist, der sechzig ist, da können wir ja net die Kinder damit belasten, dass damals ein paar von den Juden verfolgt wurden. Der Krampf muss amoil aufhören.«

»Welcher Krampf muss aufhören?«

Jüngerer Mann: »Das mit der Judenverfolgung.«

»Und das muss aufhören? Das hat ja bei uns aufgehört.«

Älterer: »Drum g'hört ja auch a Schul nicht danach benannt.«

»Was ist das jetzt für ein Krampf, von dem Sie sprechen?«

Der Wirt steht auf, stellt sich hinter meinen Stuhl und legt die Hände auf die Lehne, und im Rücken spüre ich seine Fingerknöchel. »Das ist bayrisch«, sagt er. »Er meint halt, dass mit dem Ganzen amoi Schluss gmacht wern muss. Das war amoi und da muss jetzt a Schlussstrich zogen wern und net da immer wieder rein g'hackt werden.«

»Warum soll man die Vergangenheit nicht erinnern?«

Und der Wirt, während er zu seinem Stuhl zurückgeht: »Erinnert von mir aus, aber wir brauchen 's net.«

Die Bedienung bringt frisches Bier für die Runde. Alle trinken.

Jüngerer Mann: »Immer nur der Deutsche wird vorgenommen, immer nur der böse Deutsche.«

»Die Tat wurde doch in Jerusalem an die Mauer hing'schrieben«, sagt der Wirt, »dort wo die Freunde Jerusalems sind. Die dort ham die Leut gewürdigt. Was wollen Sie jetzt noch alleweil? Es ham doch Tausende von Deutschen geholfen. Warum tun Sie jetzt den einen Fall da rauspicken?« Beifälliges Nicken. »Müssen wir Hausener uns rechtfertigen?«, sagt der Wirt. »Wir sind doch Demokraten, es is' abg'stimmt worden, und jetzt ist Schluss und a Ruh.«

»Aber es ist ja noch gar keine Ruhe im Dorf.«

Wirt: »Wenn ihr daheim bleibt und a Ruh gebt, dann ist a Ruh. Von uns aus ist des erledigt.« Wie zur Bestätigung hebt jeder sein Glas und trinkt.

Der Jüngere stellt das Glas ab und wischt sich mit dem Handrücken den Mund. »Und allgemein g'sagt«, sagt er, »net bloß für Hausen: irgendwann muss mit dene Juden amoil a Ruh sein. Unser Volk hat das Verbrechen g'macht oder der Hitler hat das Verbrechen g'macht, und dann muss amoil a Ruh sein. Irgendwann muss amoil a Schlussstrich da sein, und das muss jetzt vorbei sein. Das geht ja schon ewig lang. Nach sechzig Jahr sind wir noch immer die Bösen und zahlen für die Juden da unten, irgendwann muss amoil Schluss sein, is doch wahr. Die Politiker sagen vielleicht anders, aber der normale Mensch, der in d' Arbeit geht, sagt, lass uns mit dem amoil in Ruh, und da langt doch die Tafel da drunten im Rathaus.«

Dicker: »In unserm schönen Wohnzimmer.« Allgemeines Gelächter.

10 Ich reise ab, bin zu früh am Bahnhof. Es ist kalt. Und während ich an diesem Wintermorgen als einzige Reisende am Bahnhof von Hausen stehe und auf und ab im über Nacht erneut gefallenen Schnee gehe, der zertreten, aber nicht fortgeräumt worden ist vom Bahnsteig, sehe ich mit einem Mal John Weiner, wie er damals am 2. Weihnachtstag vor dem Funkhaus aus dem Taxi steigt und durch den Schneematsch auf mich zukommt in seinem fischgratgemusterten Wollmantel, der irgendwie zu schwer zu sein scheint für diesen kleinen zarten Mann mit der Hornbrille, die weit über die Backenknochen herabreicht, eine Schutzbrille, die sein Lächeln schützt, und er eilt mir voraus, »es ist keine Beleidigung, einer Frau die Tür aufzuhalten«, und er hilft mir aus dem Mantel: »Jeder genießt doch kleine Aufmerksamkeiten«, und schiebt mir den Stuhl zurecht. Wir sind in München und trinken Bier, und er wünscht es ganz ohne Schaum, und das Glas muss zweimal zurück und verbessert werden, und ich sehe das Feixen der Kellner, doch John bleibt davon unberührt. »Das ist ein Foto meines Bruders«, sagt er, »er ist als Zwangsarbeiter umgekommen«, und er reicht mir ein kleines Schwarzweißbild eines gutaussehenden jungen Mannes, der in die Kamera lächelt. Johns großer Bruder, wie er hinter dem Vater steht und neben dem Vater die schöne Mutter und neben der Mutter John, zehnjährig, die Hand auf ihrer Schulter.

»Eines Abends«, sagt John Weiner, »kommt mein Vater nach Hause, und er sagt zu mir, ›es gibt ein Gerücht, dass die Deutschen jetzt auch die Eheringe wollen, und wenn der Ehering nicht vom Finger herunterkommt, weil der Finger durch die Jahre der Ehe dicker geworden ist, so schneiden sie den Finger herunter.‹ Da ging ich mit meinem Vater in unser Badezimmer und habe meines Vaters Ehering durchgeschnitten.«

Und John Weiner macht eine kleine Pause und sagt dann: »Jemand hat gesagt, dass die sogenannten Überlebenden die Gefangenen ihrer Erinnerungen geworden sind. Und das stimmt auch. Diese Erinnerung, wie ich den Ehering durchgeschnitten habe, das bleibt in mir so stark, und ich weiß, dass ich nicht schuldig bin. Und doch. Dass ich das Symbol einer glücklichen Ehe durchschnitten habe, das lastet auf mir, und ganz egal, wie oft man mir sagt: Du hast damit doch nichts zu tun gehabt, es ist egal, es bleibt bei mir und in mir. Es ist eine Last«, sagt John Weiner, »eine Last, die ich habe, und die ich tragen muss.«

Ich gehe auf und ab und hin und her auf dem Bahnsteig vor dem Bahnhofsgebäude, das die Bahn nicht mehr betreibt, und ich höre in der Stille John, den Ungarn, höre, während ein feinflockiger Schneefall einsetzt, wie er, mit dieser weichen dunklen Art, die Vokale zu sprechen, sagt, jetzt erst nach mehr als sechzig Jahren, jetzt erst könne er und jetzt auch müsse er berichten. »There is a time of sowing«, sagt er »and a time of ripening«, so sage man in Australien. Und John Weiner erzählt, und da ist er in Auschwitz und die Ruhr ist ausgebrochen. »Und die Baracke, wo ich war, das war Baracke Nr. 15. Das war schon eine weite Entfernung von der Toilettenbaracke, was ein Kapitel für sich war. Nun, wenn man den Toilettenblock nicht erreicht hat, dann hat man sich versaut, und das war der Punkt, wo man zusammengebrochen ist. Das war der Punkt, wo ich gesehen habe, wie Bekannte von zu Hause, gebildete Leute, Künstler, Professoren, sich auf den Boden gesetzt haben, und zu weinen angefangen haben. Einesteils, weil sie sich geschämt haben und andererseits wegen dieser Ungerechtigkeit, dass sie sich versaut haben; nicht weil sie dreckige Menschen waren, sondern weil die Konditionen das verursachten.

Also, du bist dort in einem fremden Land, jeder, den du geliebt hast, jeder, der für dich etwas bedeutet hat, war weg. Alles wofür du in deinem Leben gearbeitet hast, ist von dir weggenommen, du warst drei Tage und Nächte lang in diesen Waggons, hast gesehen, was mit den Menschen dort passiert ist, was deiner Familie passiert ist, dann kommst du an, wirst behandelt wie ein Viech oder schlimmer wie ein Viech, du hast keine Haare mehr, du hast keine Individualität, du bist halb verhungert, du hast einen unbeschreiblichen Durst, und du hast keine Hoffnung, dass es morgen besser wird – dann versaust du dich. Das ist das Ende von einem Mensch.«

John Weiners Mutter war gleich bei der Ankunft in Auschwitz in die Gaskammer geschickt worden. Der Vater war mit dem Sohn nach Buchenwald verbracht worden, und beide hatten dort einige Monate Schwerarbeit leisten müssen.

»Immerhin sind wir zusammen«, habe der Vater gesagt.

Eines Morgens beim Appell, als der Sohn mit dem Vater in der Reihe steht, wird des Vaters Nummer aufgerufen. Der Vater muss heraustreten aus der Reihe und hinüber auf die andere Seite wechseln, und gleich, denkt der Sohn, gleich wird auch meine Nummer aufgerufen werden. »Und ich hatte mich«, sagt John Weiner, »schon bereitgemacht, schnell zu meinem Vater hinzulaufen, aber meine Nummer blieb ungenannt.«

Und wie er da steht, erinnert John, auf der vom Vater getrennten Seite, und wie der Vater herüberschaut zu ihm – ein letztes Mal und mit einem schier unmerklichen Nicken.

Und es sei, sagt John Weiner, ein aufmunterndes Nicken gewesen.

In der Pizzeria, die jetzt in der Schalterhalle des Bahnhofs eingerichtet ist, werden die Fenster geöffnet, und im Reisebüro nebenan verkauft ein freundlicher Mann Reisen zu den ewig warmen Plätzen der Welt, und nächstes Jahr um diese Zeit wird der Wirt des Gasthauses zur Sonne gerade wieder von so einem Platz zurückgekommen sein, und der dritte Bürgermeister, der dann vielleicht gar kein dritter Bürgermeister mehr ist, wird womöglich dann gerade seine in der Volkshochschule erworbenen Italienischkenntnisse im toskanischen Partnerstädtchen anwenden, während der Pfarrer Bäumler und der Gemeindereferent Steiner gerade wieder das jährliche Erinnern an die Naziherrschaft und an die mutige Tat zweier vor Jahrzehnten verstorbener Hausener Bürger den Schülern und Gemeindemitgliedern nahezubringen versuchen. Und die Gemeindemitglieder werden sagen: Schon wieder die G'schicht, die kennen wir doch, jetzt muss amoi Schluss und a Ruh sein damit. Und der dritte Bürgermeister wird ihnen recht geben. »Ja, wir san froh«, wird er zum wiederholten Male sagen, »wenn die G'schicht jetzt amoi zur Ruh kommt.« Und der Vorsitzende der Freien Wähler wird ihm beipflichten. »Das Thema ist für mich gegessen«, wird er sagen. Und das Gemeinderatsmitglied Eder wird sich dann immer noch auf die Gerechtigkeit berufen und auf die vielen mutigen Menschen in Hausen verweisen, die namenlos und ungeehrt geblieben sind. Und in ein paar Jahren, wenn die jungen, gut ausgebildeten Leute das Sagen haben werden, deren Interesseverlust an Geschichte die Grundschulleiterin heute beklagt, dann wird eines Tages diese Ehrentafel aus dem Rathausflur zwischen Kasse und Standesamt verschwunden sein, ohne dass einer es bemerkt, verschwunden mitsamt dem Text, den der erste Bürgermeister vorgelesen hatte. »Gemäß des Gemeinderatsbeschlusses«, hatte er gesagt, »lautet der Text: Zur Ehrung von Max Maurer und Anna Gnadl für die Menschlichkeit, die sie am 28. April 1945 dreizehn jüdischen Häftlingen erwiesen haben.«

Und wenn die Umstände günstig sind, wird man die Tafel im Kellerkabinett des Heimatpflegers Meindl wiederfinden. »Steine brechen«, hatte Herr Meindl gesagt, »Steine werden verschlungen von der Natur. Menschliches Wissen müssen wir weiterbringen.« Dort in der Kammer des Heimatpflegers Meindl wird die Ehrentafel womöglich dann zu finden sein, dort, wo das Foto von Max Maurer hängt neben der Landkarte, auf der der Marsch der Häftlinge im April 1945 von Buchenwald nach Hausen als schwarze Filzstiftspur verläuft, angebracht über einem Andenkenbild an eine im Kindsbett verstorbene Frau, mit einem von Klosterfrauen aus dem Haar der Verstorbenen verfertigten Bildschmuck. Und dann wird die Vergangenheit endlich verschwunden sein. Dann endlich »is a Ruh«.

11 Die Schule in Hausen ist bis heute namenlos geblieben. Bald nach der Anbringung der Ehrentafel wurde ein Bewohner Hausens auf einem Bahnhof der Landeshauptstadt von Jugendlichen niedergeschlagen und starb an Herzversagen. Er war vier dreizehn- bis fünfzehnjährigen Schülern zur Hilfe geeilt.

Vierzehn Tage nach dem Tod des zivilcouragierten Mannes beschloss der Marktgemeinderat Hausen einstimmig, dem neuerrichteten Gebäude von Kinderkrippe und Schülerhort den Namen des Verstorbenen zu geben. Auf dem Gelände solle eine zwei Meter hohe Skulptur im Wert von fünfundfünfzigtausend Euro an die mutige Tat eines Hausener Bürgers erinnern.

Nachwort von Sophie Freud

Ich schreibe diese Gedanken in hohem Alter und während ich zurückblicke auf ein Leben, das von Gewalt und Vernichtungswahnsinn bedroht war denen ich nur zufällig und, wie mir scheint, unverdient entkommen bin. Gewalt und Grausamkeit haben bis heute nicht aufgehört zu existieren. Täglich werden uns die entsetzlichsten Unmenschlichkeiten zum Frühstück serviert. Sie scheinen unter der dünnen Decke der Zivilisation nur auf eine Gelegenheit zu lauern, das brüchige moralische Korsett abstreifen und hervorbrechen zu können.

Trotz meines Alters suche ich immer noch nach Erklärungen für die zwischenmenschlichen Grausamkeiten und wandte mich mit meinen Fragen auch an deutsche Freunde. Ich kenne die Autorin dieses Buches seit vielen Jahren und schätze ihre Arbeiten, in welchen sie Bosheit und Brutalität zwischen Menschen beschreibt.

Das Böse, in Form von Gewalt und Vernichtungswut, wie es das vergangene Jahrhundert prägte und bis heute weltweit in schrecklichem Ausmaß geschieht, spürt die Autorin im Kleinen auf, in privaten und öffentlichen Räumen deutscher Kleinstädte und Dörfer.

Die Fallgeschichten dieses Buches sind Ermittlungen auf dem scheinbar wohlanständigen Terrain bürgerlicher Wohnzimmer, traditionsreicher Wirtshäuser, der Kirche, des Rathauses und der Schule. Wie ein Detektiv begibt sich die Autorin selbst zu den Orten der Untaten, führt Gespräche mit maßgebenden Menschen und fragt, oft über Monate hin, beharrlich immer wieder nach.

Die widerwilligen Antworten auf ihre gezielten Fragen öffnen Fenster zu Borniertheit, Gleichgültigkeit und Hass. Eltern und Geschwister werden umgebracht, weil sie lästig sind; eine Lehrerin will die Stelle ihres Kollegen haben und dichtet ihm ein Verbrechen an; der gute Ruf eines Dorfes muss gegen die Vergewaltigungsvorwürfe von »dahergelaufenen Mädle« geschützt werden, ihre Familien müssen verjagt werden.

Es verlangt Mut, sich dorthin zu begeben, wo Gewalt und Hass sich eingerichtet haben. Was die Autorin von diesen Ortserkundungen mitbringt, sind Tiefbohrungen in die menschlichen Abgründe. Berichte, die den Leser nicht so schnell loslassen werden.

Sophie Freud, 1924 geboren, ist eine Enkelin Sigmund Freuds. Sie war zur Zeit des »Anschlusses« Österreichs 14 Jahre alt. Mit der Hilfe ihres berühmten Großvaters gelang es der Familie, ein paar Monate später Wien zu verlassen. In Paris erlebte sie den Einzug von Hitlers Truppen ein zweites Mal. Nach einer abenteuerlichen Flucht auf dem Fahrrad von Paris nach Nizza und weiter nach Casablanca gelang es Mutter und Tochter 1942, mit einem der letzten Schiffe von

Lissabon nach Amerika zu entkommen. Sophie Freud ist emeritierte Professorin für Sozialwissenschaft und lebt in der Nähe von Boston. Zwei ihrer zahlreichen Veröffentlichungen sind als Bücher auch auf Deutsch erschienen.

Uta Eisenhardt
Am Dienstag habe ich meinen Vater zersägt
Die härtesten Fälle einer Gerichtsreporterin
Band 19450

Das Böse ist immer unter uns – und hat viele Gesichter! Die
erfahrene Gerichtsreporterin blickt auf ihre spektakulärsten
Kriminalfälle: Kastration aus Rache, Inzest aus Hörigkeit
oder Mord zur Selbsterfahrung, bestialischer Blutrausch in-
klusive. Uta Eisenhardt erzählt fesselnd und hervorragend recherchiert von den Motiven der brutalen Täter und den end-
losen Qualen ihrer Opfer. Diese wahren Verbrechen gehen
tief unter die Haut – und sind garantiert nichts für schwache
Nerven! Ein unzensierter, ungeschönter und fein säuberlich
sezierter Einblick in verstörende menschliche Abgründe.

Fischer Taschenbuch Verlag

Uta Eisenhardt
»Es juckt so fürchterlich, Herr Richter!«
Die skurrilsten und schrillsten Fälle
aus dem Gerichtsalltag
Band 19026

Ein Zahnarzt verprügelt seinen Patienten, weil dieser keine
Betäubungsspritze bekommen möchte, ein Transvestit mit
Federboa und Sturmhaube verstößt gegen das Vermum-
mungsverbot und ein Mann schüttet seiner Frau tödliches
Sex-Pulver in den Tee: Gerichtsreporterin Uta Eisenhardt hat
die skurrilsten Gerichtsprozesse mit den verrücktesten Angeklagten und schrillsten Taten aufgeschrieben.

Fischer Taschenbuch Verlag

Ralf Bongartz
Nutze deine Angst
Wie wir in Gewaltsituationen richtig reagieren
Band 18919

Der Experte Ralf Bongartz zeigt, wie wir, trotz Angst und
Unsicherheit, gefährliche Situationen richtig einschätzen,
Konflikte entschärfen und Gewalt abwenden. Denn die
meisten von uns wissen nicht, was sie tun sollen, wenn ein
Konflikt gewalttätig wird. Also tun wir lieber nichts und
sehen weg. Das hilft immer dem Täter, nie dem Opfer. Und
im schlimmsten Fall kann es sogar tödlich sein.

Eindringlich, drastisch, mit vielen Beispielen
und konkreten Tipps: Das Buch für Situationen,
in die jeder geraten kann.

Fischer Taschenbuch Verlag

Voller magischer Momente für Leser

Buchbewertungen und Buchtipps von leidenschaftlichen Lesern, täglich neue Aktionen und inspirierende Gespräche mit Autoren und anderen Buchfreunden machen Lovelybooks.de zum größten Treffpunkt für Leser im Internet.

fi 444 002 / 1h